Diante da Vida

com

CHICO XAVIER

ide

FICHA CATALOGRÁFICA

(Preparada na Editora)

Carrara, Orson Peter, 1960-

C31s *Diante da Vida com Chico Xavier* / Orson Peter Carrara, mensagens psicografadas por Francisco Cândido Xavier. Araras, SP, IDE, 1ª edição, 2016.

224 p.

ISBN 978-85-7341-685-5

1. Xavier, Francisco Cândido, 1910-2002. 2. Espiritismo 3. Psicografia I. Título.

CDD -921.89
-133.9
-133.91
-133.901 3

Índices para catálogo sistemático

1. Brasil: Médiuns espíritas: 921.89
2. Espiritismo 133.9
3. Psicografia: Mensagens: Espiritismo 133.91
4. vida depois da morte: Espiritismo 133.901 3

ORSON PETER CARRARA

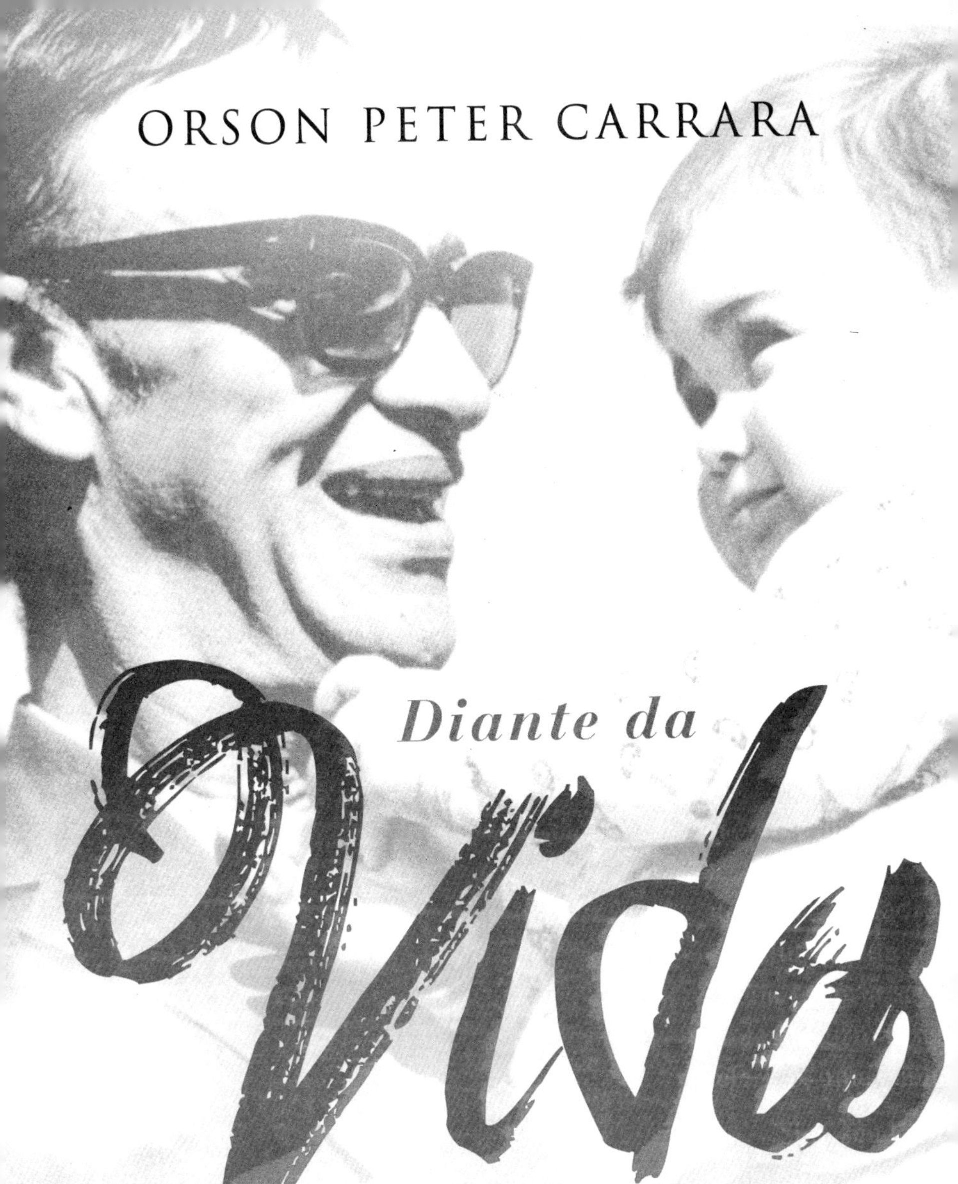

Diante da Vida com CHICO XAVIER

ISBN 978-85-7341-685-5
1ª edição - abril/2016

Conselho Editorial:
Hércio Marcos Cintra Arantes
Doralice Scanavini Volk
Orson Peter Carrara
Wilson Frungilo Júnior

Coordenação:
Jairo Lorenzetti

Revisão de texto:
Mariana Frungilo

Capa:
César França de Oliveira

Diagramação:
Maria Isabel Estéfano Rissi

INSTITUTO DE DIFUSÃO ESPÍRITA - IDE
Av. Otto Barreto, 1067 - Cx. Postal 110
CEP 13600-970 - Araras/SP - Brasil
Fone (19) 3543-2400
CNPJ 44.220.101/0001-43
Inscrição Estadual 182.010.405.118
www.ideeditora.com.br
editorial@ideeditora.com.br

Sumário

Raízes históricas

Referência bibliográfica:

Chico Xavier Uma Vida de Amor

Autor: Ubiratan Machado

ESCREVEU O JORNALISTA UBIRATAN MACHADO – NO livro *Chico Xavier Uma Vida de Amor*, editado pela IDE Editora –, destacando fatos importantes da vida e da obra do médium, em texto originalmente publicado na Revista *Fatos e Fotos/Gente*, da Bloch Editores (RJ), que aqui transcrevemos parcialmente:

> *O povo era cordial e conversador. E alheio às imensas mudanças éticas e sociais que se aceleravam em todo o mundo. Comia seu feijão-tropeiro, seu angu com couve, pitava, procriava e ia à missa. (...) Alguma coisa começaria a mudar com a chegada do trem, saudado com foguetório, (...) e banda de música, ao melhor estilo do interior. (...). O fato fora tão importante que, em 1901, Cachoeira das Três Moças trocava seu nome para Pedro Leopoldo. (...)*
>
> *Nesta época, morava ali um casal humilde, como tantos outros casais do interior. Ele, João Cândido Xavier, operário de profissão, vendedor de bilhetes de loteria nos momentos de aperto. (...) Sua mulher, dona Maria João de Deus, de prendas domésticas. Mãe de família na velha tradição mineira. Dedicada ao lar, paparicando os filhos, ensinando-os a rezar de mãos postas. Ambos católicos. Por educação e fé. Viviam cheios de filhos, de pobreza e de harmonia, numa pequena casa térrea. Foi ali que, a 2 de abril de 1910, nasceu um menino, que, na pia batismal, recebeu o nome de Francisco. (...)*

A vida da família seguia serena. Os filhos, agora, já eram nove. Chico crescia como qualquer moleque do interior. Corria pelo quintal, brincava e subia em árvores, de pés descalços, peito nu, aguçando os ouvidos quando o apito estridente da maria-fumaça ecoava por aquelas lonjuras. Livre como os pássaros. Estava com cinco anos e, como qualquer criança normal dessa idade, sentia-se irresponsavelmente feliz.

Então, surgiu o inesperado: dona Maria João de Deus adoeceu. A princípio, parecia coisa passageira. A doença, porém, progrediu rapidamente, e ela já pressentia o toque frio da foice da morte. Como a família viveria? João Cândido, inveterado sonhador, achava-se desempregado. Sobrevivia apenas à custa dos bilhetes de loteria. (...)

Preocupada, dona Maria João decidiu distribuir os filhos, por parentes e amigos, que se dispuseram a criá-los. (...)

Na diáspora da família Xavier, Chico vai para a casa da madrinha, dona Maria Rita de Cássia, velha amiga de sua mãe. Ali começariam as atribulações do menino (...), cuja infância é curtida com os mais atrozes castigos e humilhações. (...)

A qualquer pretexto, a vara de marmelo cantava no lombo do menino. Para pescoções, taponas e beliscões dispensavam-se pretextos. E, em sua crueldade, dona Rita inventava requintes dignos de um inquisidor. Um de seus caprichos consistia em enfiar garfos no ventre do garoto.

***

A história é conhecida do leitor. Dos sofrimentos impostos pela mãe adotiva até o novo casamento do pai, quando foi acolhido pela generosa dona Cidália, Chico enfrentou humilhações, dores e se consolava no quintal, encontrando-se com a mãe desencarnada, que o aconselhava a confiar em Deus e ter paciência.

Pois aí começavam as grandes lições de Chico, verdadeiro legado de ensino para aqueles que tomam contato com sua biografia sofrida e cheia de exemplos.

Selecionamos, ao leitor, alguns desses ensinos colhidos da experiência invulgar da vida do médium Chico Xavier, trazidos do mesmo texto do jornalista citado.

Afirmou o médium, referindo-se à época dos suplícios impostos pela dona Maria Rita:

> *– Ao me levantar, pela manhã, eu não me animava a tomar café; ficava esperando a primeira surra do dia. Depois, sim, tomava café com aquela alegria de já haver pago uma parcela.*

Exemplo de humildade, numa criança de pouca idade.

Nos encontros consoladores com a mãe desencarnada, ela lhe aconselhava: "Quem não sofre não aprende a lutar." Ou ainda: "Não se importe. Tudo passa, e, se você tiver paciência, Jesus nos ajudará para ficarmos sempre juntos."

Sobre o difícil episódio de lamber ferida de outro menino, a mãe igualmente lhe recomendou: "É melhor lamber feridas do que causar aborrecimentos aos outros. Obedeça à sua madrinha."

Os conhecidos episódios se desdobraram no tempo, repletos de lições registradas pela história, em biografias, palestras, artigos, filmes. Desde o eclodir da mediunidade, o encontro com Emmanuel, o lançamento do livro *Parnaso de Além-Túmulo*, o episódio Humberto de Campos, entre muitos outros casos, fatos e circunstâncias que permearam sua vida missionária, todos podemos utilizar seus exemplos de conduta, sua postura de firmeza no bem e, por meio da experiência de vida que nos transmitiu, oferecer expressiva contribuição ao progresso e à felicidade humana, no cultivo das virtudes. São lições que ficam para sempre.

Na presente obra, oferecemos ao leitor algumas dessas lições, por meio de entrevistas, citações, histórias, dados biográficos, relacionamentos, fatos, enfim, da vida desse grande e abnegado servidor.

Orson Peter Carrara

"(...) Mesmo nas situações mais aflitivas da reencarnação, podemos modificar nossa vida para melhor, (...)"

Uma vida exemplar

REFERÊNCIA BIBLIOGRÁFICA:

Notáveis Reportagens com Chico Xavier
Organizador: Hércio Marcos Cintra Arantes

Um

Dentre as várias obras biográficas publicadas sobre Chico Xavier, uma se sobressai pela experiência única de um repórter imparcial.

Seu nome é Clementino de Alencar, que trabalhou para o jornal *O Globo*, do Rio de Janeiro (RJ), e que se hospedou em Pedro Leopoldo por aproximadamente dois meses, acompanhando os trajetos iniciais do médium.

Inteligente, imparcial, frequentou reuniões mediúnicas, teve oportunidade de refletir sobre os originais psicografados pelo médium - com quem teve larga convivência -, elaborando reportagens, matérias e entrevistas sobre os fenômenos correntes da pequena cidade, para o jornal carioca.

Isso ocorreu no período de 23 de abril a 25 de junho de 1935. Referidos originais, organizados por Clementino e publicados à época, foram colecionados por confrade de Bauru (SP), que - com autorização do conhecido veículo de imprensa no Rio - foram publicados no excelente livro *Notáveis Reportagens com Chico Xavier* - edição IDE Editora -, com organização, notas e índice analítico de Hércio Marcos Cintra Arantes.

Ilustrado com inúmeras fotos, igualmente catalogadas em índice, a distribuição das matérias empolga o leitor na verificação do Sumário, em quarenta e cinco capítulos.

De leitura extremamente agradável, não poderia deixar de ser citado, lembrado e mesmo ter transcrições parciais na presente obra, que ora apresentamos ao público, destacando trechos selecionados, obedecendo a ordem do livro elaborado por Hércio.

Judas e Humberto

No capítulo 2, o repórter selecionou mensagem de Humberto de Campos que, à época, iniciava suas psicografias através do médium, além da entrevista que fez com Judas Iscariotes, ao encontrá-lo em meditação no mundo espiritual. Da entrevista com Judas, não há como não transcrever o extraordinário trecho, que destacamos ao leitor:

> *(...) – E chegou a salvar-se pelo arrependimento?*
>
> *– Não. Não consegui. O remorso é uma força preliminar para os trabalhos reparadores. Depois de minha morte trágica, submergi-me em séculos de sofrimento expiatório da minha falta. Sofri horrores nas perseguições infligidas em Roma, aos adeptos da doutrina de Jesus, e as minhas provas culminaram em uma fogueira inquisitorial, onde, imitando o Mestre, fui traído, vendido e usurpado. Vítima da felonia e da traição, deixei na Terra os derradeiros resquícios do meu crime, na Europa do século XV. Desde esse dia em que me entreguei, por amor do Cristo, a todos os tormentos e infâmias que me aviltavam, com resignação e piedade pelos meus verdugos, fechei o ciclo das*

minhas dolorosas reencarnações na Terra, sentindo, na fronte, o ósculo de perdão da minha própria consciência... (...)

O trecho parcial, na psicografia de 19 de abril de 1935, por si só já constitui material para amplas reflexões e debates, face aos ensinos trazidos pelo Espírito, em cuja situação citada pela história, seus padecimentos podem ser enquadrados perfeitamente nos equívocos que nos permitimos, gerando também remorsos no futuro. É de se pensar, estudar, meditar.

Ainda Humberto

No capítulo 3 da obra, o repórter traz ao leitor o texto de Humberto, quando ainda encarnado na condição de famoso escritor e jornalista brasileiro, referindo-se ao médium Chico:

> "Eu faltaria, entretanto, ao que me é imposto pela consciência se não confessasse que, fazendo versos pela pena do Sr. Francisco Cândido Xavier, os poetas de que ele é intérprete apresentam as mesmas características de inspiração e da expressão que os identificaram nesse planeta. Os temas abordados são os que os preocupavam em vida. O gosto é o mesmo. E o verso obedece, ordinariamente, à mesma pauta musical. Frouxo e ingênuo em Casimiro, largo e sonoro em Castro Alves, sarcástico e variado em Junqueira, fúnebre e grave em Antero, filosófico e profundo em Augusto dos Anjos – sente-se, ao ler

cada um dos autores que veio do outro mundo para contar, neste instante, a inclinação do Sr. Francisco Cândido Xavier para descrever 'À la manière de...', ou para traduzir o que aqueles Altos Espíritos sopraram ao seu."

Uma crítica desse porte, da autoria de quem veio, somente evidencia ainda mais a humildade, a grandeza e a fidelidade do médium.

Dois

Um repórter imparcial e curioso, no bom sentido, tentando entender as questões mediúnicas, envolvia-se cada vez mais com o médium, tendo em vista a incomparável oportunidade de convivência próxima. Nos textos que diariamente enviava à redação do jornal, no Rio de Janeiro (RJ), ele procurou destacar os fatos que ocorriam ao lado do médium e mesmo seus feitos na variedade de ocorrências diárias. As reportagens, depois reunidas e publicadas no livro que citamos, são riquíssimas. Veja-se, por exemplo, um texto compilado e enviado pelo repórter para publicação, sobre o *modus operandi* dos Espíritos nas comunicações.

Emmanuel assina o texto:

> – *Enviam, aos homens, a sua mensagem luminosa dos cimos resplandecentes em que se encontram e, formulando o desejo de ação nos planos da materialidade, a sua vontade superior atua imediatamente*

sobre o cérebro visado, o qual se encontra em afinidade com as suas vibrações e através de forças teledinâmicas, as quais podeis vagamente avaliar com os fluidos elétricos, cuja utilização encetais na face do vosso mundo, influenciam sobre a natureza do sensitivo, afetando-lhe o sensório, atuando sobre os seus centros ópticos e aparelhos auditivos, desaparecendo perfeitamente as distâncias que não se medem; na alma do 'sujet' começa, então, a se operar a série de fenômenos alucinatórios sob a atuação consciente do Espírito que o guia dos planos intangíveis. Este, segundo a necessidade, indu-lo a ver essa ou aquela imagem, em vibrações que o envolvem, as quais o sensitivo traduz de acordo com as suas possibilidades intelectivas e sentimentais.

O texto acima transcrito é outra pérola que, captada pela sensibilidade do médium e com farto material para estudo, está no capítulo 6.

Orientação clara de Emmanuel no capítulo 8

Pelas mãos abençoadas de Chico, podemos ter, atualmente, a profundidade da advertência que vai abaixo, igualmente selecionada pelo repórter para publicação e também constante na organização do livro de Hércio Marcos Cintra Arantes.

- Meus filhos, a fenomenologia espírita não objetiva maravilhar os vossos olhos! O que me ocorre

dizer é que deveis guardar, do observado, as vossas conclusões morais. (...)

O trecho breve e compacto é advertência que não pode ser esquecida. O objetivo moral está acima de quaisquer outros que possamos imaginar no esforço dos Espíritos para despertar-nos da dormência que ainda permanecemos.

Três

O REPÓRTER, EMPENHADO NA BUSCA E PESQUISA para entender os fatos políticos da época, conseguiu uma entrevista com Emmanuel. Elaborou uma questão, que foi respondida pelo Espírito.

> *– Que possibilidades existem e que vantagens ou desvantagens adviriam da implantação de um regime extremista no Brasil?*
>
> *– (...) As mais extravagantes teorias políticas têm sido veiculadas no Brasil, cujo povo, guardando tradições de raças diversas, ainda se encontra longe da linha decisiva de sua evolução racial. Tudo aí se mistura e todas as ideias se propagam sem que sejam devidamente estudadas, ponderadas no cadinho da análise mais rigorosa. A implantação de um regime extremista seria um grande erro que o sofrimento coletivo viria certamente expiar. De um lado, prevalecem as doutrinas dos governos fortes, como a política do 'sigma' copiando o fascismo em suas bases; da outra mar-*

gem, encontra-se o comunismo, inadaptável ainda à existência da nacionalidade, levando-se em conta o problema da necessidade de braços para o trabalho em uma terra vastíssima, à espera das iniciativas e cometimentos de progresso preciso. (...) O Brasil necessita, antes de tudo, combater o magno problema do analfabetismo. É necessário que se solucione o enigma pedagógico que implica toda essa mocidade sem entusiasmo e sem energia para o estudo; para o estado atual não se enquadra outro regime fora da democracia liberal, até que o povo se eduque convenientemente para as grandes iniciativas do porvir. Fora disso é ilusão portadora dos desenganos trágicos que empobrecem a economia e roubam a paz social. Infelizmente, a ambição, o personalismo infestam os bastidores da política brasileira, eminentemente prejudicada pela sua visão mesquinha, concernente aos problemas da coletividade. Mas o que quereis? O trabalho é dos homens, e a eles compete a realização do progresso necessário. (...)

A resposta continua, em outra ordem de raciocínio, que não podemos dispensar de apresentar ao leitor.

Trabalho dos Espíritos

E continua o nobre Espírito, na sequência da resposta:

– (...) Longe do cenário do mundo não nos é lícito influenciar sobre questões distantes da nossa esfera de ação. A nossa atividade unicamente se circunscreve ao esclarecimento das almas, pugnando para que as

construções da crença sejam novamente reedificadas no templo dos corações humanos, trabalhados pelas concepções amargosas e destruidoras do negativismo. Para atingirmos semelhante desiderato, só no Evangelho buscamos os nossos programas de ação. O nosso labor intenso é todo realizado com esse objetivo. (...)

Que construtiva e bela afirmação. Notemos a profundidade da afirmação: *só no Evangelho buscamos os nossos programas de ação. O nosso labor intenso é todo realizado com esse objetivo.*

A afirmação do nobre Espírito, pelas mãos caridosas e humildes de Chico, é de conteúdo para um congresso...

Quatro

Sobre a política, novamente a fidelidade do médium se faz presente em resposta que – embora seja de 1935 – revela impressionante realidade.

A pergunta do repórter:

– A economia dirigida é um erro científico que embaraça o progresso econômico dos povos?

E a resposta veio assinada por Joaquim Pedro d'Oliveira Martins (1845 – 1894), que foi escritor, historiador e político português, nascido e desencarnado em Lisboa:

– A economia dirigida não é um erro. Todos os obstáculos à normalidade da vida econômica dos

povos são oriundos da ausência de senso administrativo dos governos, que enveredam pelo terreno da política facciosa, prevalecendo as diretrizes pessoais de personalidades ou grupos em evidência. Frequentemente, a economia está confiada a mentalidades que não especializam os seus conhecimentos a esse respeito e cujos programas de ação constituem singularíssimos fenômenos teratológicos no campo da fazenda pública, os quais medram entre as coletividades, ao bafejo de inqualificáveis protecionismos. É tempo da competência administrativa recrutar, entre os abalizados técnicos do assunto, os conselhos da economia nacional que funcionarão como forças reguladoras dos seus fenômenos, solucionando todos os problemas financeiros relativos à produção, repartição e consumo. Esses conselhos, que devem ser constituídos por técnicos especializados na economia política, não desprezando os benefícios que promanam do espírito cooperativista, ouvirão a voz das classes trabalhadoras e produtoras em geral, sondarão as necessidades de cada uma, veiculando as suas proposituras e defendendo os seus interesses nos parlamentos legislativos, investindo a política na posse da emetropia administrativa que frequentemente lhe falta.

Faz-se mister que as classes se organizem, representando-se perante as administrações por intermédio dos seus expoentes mais dignos, porque o governo nunca confabulou com os indivíduos, e sim com as classes, as quais devem sobrepor às arbitrariedades das facções a opinião dos interesses gerais, generalizando-se, assim, o regime da consulta e do inquérito.

Quando a economia for dirigida por esse corpo de mentalidades proficientes e conscienciosas, que deverão permanecer alheias aos conciliábulos de individualidades que transformam, às vezes, os recintos parlamentares em verdadeiros palcos de teatro jurídico, onde se exibem os profissionais da palavra, constatar-se-á que a economia deve ser dirigida com superioridade, equivalendo essa direção, (...) por um índice de novo ciclo de educação política, o qual traz em si a mais profunda significação histórica.

Política

Também do mesmo Espírito, essa definição:

– (...) a política, em geral, não representa a evolução das coletividades. Infelizmente, o excessivo amor à personalidade tem anulado ideias nobres, na tentativa de corromper o trabalho efetuado na Terra por inúmeros Espíritos de eleição.

Por outro lado, também afirmou:

– A economia política, cuja tarefa é orientar a produção e o consumo da riqueza coletiva, é uma ciência desmantelada, porque a moral evoluiu teoricamente sem que a sua prática interessasse à maior parte dos encarregados de zelar pelo patrimônio dos povos. Em contraposição às leis fraternais, propagadas

pelos arautos do bem-estar social, criou-se o falso patriotismo, ao qual a abominável autarquia deve a sua paternidade.

Sobre o Brasil – agora Emmanuel

Respondeu Emmanuel:

– A República Brasileira necessita de forças vitalícias, no terreno político-administrativo, que predominem sobre suas instituições de caráter temporário. (...)

E ainda acrescentou:

– Ora, nas condições atuais, não se enquadraria no país outro regime que não seja o da democracia. As experiências, porém, requerem uma salutar aproximação entre governantes e governados, e todo o individualismo deve desaparecer nos interesses gerais.

E fechou com sabedoria:

– A solução dos problemas das classes tem sido tratada com a mais acentuada ausência de tato, pelos que dirigem o Estado. Os grandes desequilíbrios econômicos e o cepticismo de quantos vivem a esperar melhores dias para a nação são oriundos, justamente, dessa odiosa campanha personalista que infelicita, há muitos anos, as correntes políticas do país. A questão é de homens e não de leis. As leis são boas e bastavam para controlar todos os fenômenos da vida nacional. (...)

E que atualidade (ressalte-se que isso foi escrito na década de 30):

– Evite-se a expansão do interesse pessoal, as competições mesquinhas, a ambição de ganhos e domínios, os assaltos ao Tesouro Público, o exibicionismo, e cultive-se, acima de tudo, o interesse da coletividade. Basta isso. A coletividade é a nação e não se compreende o patriotismo fora dessas normas.

O apelo aos sentimentos da fraternidade cristã

– Todavia, ainda é para Jesus que os homens necessitam voltar os seus olhos. A missão do moderno espiritualismo é trazer a chave dos conhecimentos acerca dos seus grandes e inolvidáveis ensinamentos. Enquanto não compreenderem os homens os seus deveres de fraternidade cristã, não há possibilidade de se evitar as crises que assoberbam o mundo.

Poder dos homens

– (...) O poder de homens e de nações passa como a sua própria ação. Daí a necessidade da difusão do conceito imortalista da vida, para que a humanidade concentre as suas possibilidades na aquisição dos tesouros espirituais, os únicos que se não dissipam no vórtice das mutações da matéria.

Dever primeiro

- (...) o dever primeiro do homem é colaborar, em todos os minutos de sua passageira existência, em prol da melhoria de seu próximo, porque trabalhar por outrem é engrandecer-se.

O livro organizado por Hércio Marcos Cintra Arantes, utilizando-se das reportagens de Clementino Alencar - jornalista do jornal *O Globo*, para acompanhamento do fenômeno Chico Xavier, que então eclodia em Pedro Leopoldo (MG) -, constitui-se em precioso documento, para conhecimento dos primeiros tempos do médium na querida cidade onde nasceu.

A simplicidade e a humildade do médium, detalhes de sua vida profissional, de sua família, das reuniões mediúnicas no Centro Espírita, do acolhimento e da recepção das caravanas, que começavam a "invadir" a cidade, entre tantos outros ensinamentos e experiências colhidas nas psicografias, transformaram-se no notável livro que embasou as questões acima selecionadas. *Notáveis Reportagens com Chico Xavier* é obra que pode ser considerada marca histórica, justamente pela imparcialidade e grandeza do trabalho jornalístico do ilustre visitante, que permaneceu na cidade para "desvendar" Chico Xavier. Seus textos tornam ainda mais conhecido o médium. E isso praticamente coincide com os trabalhos trazidos por Humberto de Campos, que provocaram grande impacto nos meios literários do país.

Temas do cotidiano

Referências bibliográficas:

Encontros no Tempo

Organizador: Hércio Marcos Cintra Arantes

Trinta Anos com Chico Xavier

Autor: Clovis Tavares

Cinco

O livro Trinta anos com Chico Xavier, lançado originalmente em 1967, por edições Calvário e, posteriormente, pela IDE Editora, traduz a convivência do conhecido autor com o médium durante trinta anos, como sugere o título da obra, de 1936 a 1966. Período fértil e repleto de experiências na mediunidade e seus desdobramentos no trabalho missionário de Chico Xavier.

Escreveu Clovis Tavares exatamente na introdução da obra: "(...) Chico sempre me deu a impressão de uma vela que ardia, alumiando a todos e se consumindo a si mesma, em sublime oferenda de amor e sacrifício (...)"

A comparação é muito justa e apropriada. Chico usou a própria vida para amparar todos aqueles que dele se aproximaram. Era ele o próprio "dar-se" de si mesmo, atento às variadas carências humanas, exatamente com uma luz a iluminar, esclarecer, consolar, consumindo-se, até na própria saúde, para atender os que o procuravam. Pode-se afirmar sem errar que ele era, como citou o autor referido, uma sublime oferenda de amor e sacrifício.

Sim, seu legado de amor foi permeado de sacrifícios. Enfermo, sem recursos materiais, nem sempre compreendido, e, muitas vezes, atacado ou perseguido, de infância pobre e sofrida, sua dedicação e sacrifício, em prol da tarefa abraçada, extrapolaram os limites do habitual e comum da normalidade, projetando-se como luz intensa a socorrer os caminhos humanos.

Intermediário dos Benfeitores Espirituais que dele se utilizaram, sua voz e mãos mudaram a história da cultura humana com as informações sábias que jorraram dos Espíritos em favor do progresso humano.

E não foi só. Seu nome, sua influência pessoal - apesar da modéstia, discrição e simplicidade - influenciaram gerações de espíritas, e seus exemplos de humildade e desprendimento significam atualmente autênticos roteiros de crescimento espiritual.

Não é por acaso que o mesmo Clovis (que com ele conviveu por mais de trinta anos, daí o título do livro), ainda na já citada introdução da obra, também afirma: "(...) Francisco Cândido Xavier nunca atribuiu a si mesmo qualidades de missionário, nem jamais se julgou detentor de poderes especiais ou virtudes sobre-humanas. Em trinta anos de convivência fraterna, que se completaram em 1966, devo afirmar, não para glorificá-lo (pois ele, humilde, sempre dispensou louvações do mundo), mas em testemunho da verdade espírita, que nosso Chico sempre considerou as faculdades que inegavelmente possui como aqueles ´talentos´ da parábola evangélica, que ele deveria multiplicar, no serviço do bem e em favor do próximo, na posição de servidor consciente e vigilante. (...)"

Essa multiplicação dos talentos, em boa recordação do autor, deve sempre estar na pauta de nossas preocupações com o dever de estender nossas possibilidades em favor do progresso geral - o que todos podemos fazer, diga-se de passagem, em nossas frentes de trabalho, remunerado ou não –, pois que nos devemos mutuamente, pelo dever da solidariedade, estender as mãos uns aos outros.

Foi o que Chico fez de maneira extraordinária, exemplificando com bondade e prontidão.

O trecho usado por Tavares, *no serviço do bem e em favor do próximo, na posição de servidor consciente e vigilante*, remete-nos a duas orientações básicas constantes de *O Livro dos Espíritos*, em duas magníficas respostas:

> a) *Instruir os homens, ajudar seu progresso, melhorar suas instituições* – na reposta dos Espíritos à indagação de Kardec sobre a missão dos Espíritos encarnados (questão 573);
>
> b) *(...), é preciso fazer o bem no limite de suas forças* – na resposta dos Espíritos à indagação de que se basta não fazer o mal para ser agradável a Deus (questão 642).

As duas respostas mostram a perfeita assimilação do médium quanto a essa consciência e vigilância do servidor que, no caso, trouxe consigo um evidente compromisso de trabalho árduo, submetendo-se a circunstâncias difíceis e desafios que somente Espíritos dessa envergadura, e com tais bagagens de experiência e decisão, conseguem levar a termo.

Foi o que ocorreu com Chico. Compromisso, fidelidade, disciplina, consciência, vigilância, trabalho.

E já que utilizamos, no presente capítulo, trechos parciais da introdução do livro *Trinta Anos com Chico Xavier*, é preciso que se esclareça o leitor que o autor da coletânea de experiências vividas junto ao médium encontrou-se, pela primeira vez com ele, no dia 12 de junho de 1936 (recorde-se que Chico nasceu em 1910 e começou sua tarefa psicográfica em 1927), na sede da *Federação Espírita Brasileira*, no Rio de Janeiro. E a obra é uma homenagem aos quarenta anos de sua atividade mediúnica (completados em 8 de julho de 1967), com relatos de seus trinta anos de convivência e aprendizados junto à sensibilidade do mineiro de Pedro Leopoldo (MG).

E agora, quando reunimos essas lembranças, destacando fatos e feitos da vida missionária de Xavier, após as ricas e extraordinárias experiências acumuladas naqueles primeiros quarenta anos, lembramo-nos ainda de quando tínhamos - à época - mais trinta e cinco anos pela frente, que seriam enriquecidos e solidificados pela ação consciente, exemplar e extraordinária dessa personalidade peculiar.

Um homem que conseguiu incorporar, ao próprio comportamento, os caracteres de um *Homem de Bem,* tão bem caracterizado por Allan Kardec em *O Evangelho Segundo o Espiritismo,* no capítulo XVII da citada obra. Ou, se o quisermos, também podemos constatar sua personalidade no precioso texto *Os Bons Espíritas*, no mesmo capítulo dessa mesma obra.

Por tudo isso, em texto de julho de 1977, incluso no mesmo livro de Clovis, à pág. 264 (7ª edição, IDE Editora, outubro/2008), o autor escreveu: "(...) À semelhança de Gandhi, Chico não é um homem de letras, nem um teólogo, nem um cientista. Contudo, além dos títulos mais valiosos que estes, que estão registrados na Eternidade, ele é um *homem de oração*. Isso significa, nem mais nem menos, que é uma alma profundamente identificada com o

Plano Divino. Tenho tido a ventura de testemunhar (tanto quanto possível, sem ferir a privacidade de sua vida) a sublime vivência espiritual de nosso admirável Amigo. É ele um verdadeiro filho de Deus, nascido e renascido do Espírito. É um coração que ternamente se reclinou junto ao coração do Mestre Divino, traduzindo sem palavras, mas numa vida inteira, as sístoles e diástoles da Alma Sublime de Jesus, seu refúgio e fortaleza. E nesse espírito de comunhão com o Alto, ele tem nobremente vivido, e tem sofrido dores que o mundo desconhece, e tem realizado milagres de amor, e tem socorrido multidões torturadas e sofredoras. Tudo em nome de Deus, e por amor a Deus, e para glória de Deus. (...) Vejo-te qual gaivota de luz, ora em altíssimos voos pelas Esferas e Santuários do Céu, ora pousando serenamente no Coração da Rocha dos Séculos... E mal posso balbuciar: Chico querido, Deus te abençoe, Deus te abençoe!"

Referida obra merece especial atenção de todos nós, face ao conteúdo selecionado e descrito por Tavares, com o sentimento e a experiência viva da convivência saudável e repleta de aprendizados com o Chico Xavier. As gerações mais jovens, de idade e de aproximação com o Espiritismo, desconhecem esses tesouros que estão disponíveis, descrevendo o que é a mediunidade com Jesus. Clovis soube situar isso como ninguém ao descrever os exemplos do notável medianeiro do bem.

O autor foi muito feliz no relato das experiências, e haveria muita perda ao leitor se tentássemos reproduzir trechos, face ao rico conteúdo, que precisa ser conhecido na íntegra. Mesmo assim, antes da separação de valiosos ensinos, trechos de reportagens e entrevistas, extraímos, da valiosa obra de Tavares, dicas significativas para o entusiasmo e pesquisa do leitor, motivando-o a conhecer a obra completa de *Trinta Anos com Chico Xavier*:

a) Os capítulos: 4 – *Meu Primeiro Encontro com Chico;* 6 – *Em Pedro Leopoldo, pela Primeira Vez;* e 7 – *Noite de Luz Espiritual,* para as primeiras anotações da convivência com o médium. Embora iniciais, marcantes para ler e refletir;

b) O maravilhoso e emocionante capítulo 11 – *Da Mensagem do Padre Germano aos nossos dias;*

c) *Fatos Irrefutáveis,* no capítulo 15;

d) *Estudando a Lei da Reencarnação,* no capítulo 16, e

e) *Notícias de Emmanuel,* no magnífico capítulo 17.

A obra ainda está enriquecida com os apêndices A e B (este, inclusive, com uma mensagem de Francisco de Assis, recebida por Chico), além de uma suíte fotográfica.

Não se pode omitir, entretanto, que a mesma obra traz significativa mensagem de Alberto Santos Dumont, o nosso "Pai da Aviação", em julho de 1948. Ela está no capítulo 14 – *Uma Escola sem Férias,* acompanhada de relatos do médium e considerações do autor, num texto belíssimo para, igualmente, nos embalar o raciocínio e o sentimento.

Seis

O Espírito Emmanuel, conhecido autor espiritual que coordenou as atividades mediúnicas de Chico Xavier, fez o prefácio - datado de 22 de março de 1979 - do livro *Encontros no Tempo,* editado pela IDE Editora, de organização e notas de Hércio Marcos Cintra Arantes.

Como diz o organizador da obra, na apresentação, "Há tempos, vimos coletando entrevistas concedidas a periódicos diversos, pelo médium Francisco Cândido Xavier, sob a assistência de Emmanuel (...), na esperança de um dia vê-las ao alcance de todos, enfeixadas num livro (...)"

Desse esforço, resultou o livro citado, com valiosas respostas oferecidas pelo médium, na sintonia com o Espírito que o assessorou durante sua caminhada mediúnica. Lançado no mesmo ano, o livro oferece a oportunidade de reflexão com as elucidações trazidas aos questionamentos, apresentados em diferentes momentos.

Para não tornar tais capítulos mera transcrição da obra em referência, selecionamos alguns temas, transcrevendo trechos mais expressivos, com acréscimos de comentários e referências doutrinárias para a apreciação do leitor. A ordem e a sequência são de nossa organização e não obedecem à distribuição original da obra consultada, e, em alguns casos, adaptamos a transcrição didaticamente.

ACEITAÇÃO DOS SOFRIMENTOS

(questão 4)

– Aceitação sem inércia no trabalho de renovação íntima. (...) Mesmo nas situações mais aflitivas da reencarnação, podemos modificar nossa vida para melhor, aceitando o que já fizemos de nós em outras existências (ou nesta mesma existência) e procurando melhorar-nos sempre. Um irmão reeducando, em qualquer instituto penal, na própria cela em que se vê segregado, conseguirá, se quiser, entrar em novo campo de aceitação do que fez de si mesmo e, agindo com humildade e compreensão, no trabalho de sua recuperação e liberdade, começará conquistando o respeito e a simpatia dos próprios guardas que o acompanham (...).

A resposta do médium, ainda que assessorado pelo Benfeitor Espiritual, é uma demonstração viva do comportamento que ele mesmo adotou em vida. Breve estudo em seus dados biográficos, amplamente conhecidos e divulgados – inclusive com filmes –, traduzem um comportamento voltado ao esforço contínuo da melhoria pessoal, nos embates enfrentados, nas humilhações sofridas, nas dificuldades reais que viveu. Foi sem dúvida uma aceitação do sofrimento, sem a inércia que costuma caracterizar o homem comum.

As lições transmitidas no exemplo de vida mostram realmente que sempre podemos modificar a vida para melhor, aceitando o que já fizemos e procurando melhorar.

Tais reflexões levam fatalmente às instruções transmitidas pelos Espíritos e catalogadas, organizadas, por Allan Kardec, o Codificador do Espiritismo.

Nos exemplos pessoais de coragem e fé ativa do médium, que lhe davam autoridade moral nas respostas que transmitia, vemos o embasamento doutrinário espírita perfeito nas lições encontradas, por exemplo:

a) Capítulo IX de *O Evangelho Segundo o Espiritismo,* item 8, em mensagem assinada pelo Espírito Lázaro, com o título *Obediência e Resignação*, na qual encontramos: "(...) A obediência é o consentimento da razão, a resignação é o consentimento do coração; ambas são forças ativas porque carregam o fardo das provas que a revolta insensata deixa cair. O frouxo não pode ser resignado, assim como o orgulhoso e o egoísta não podem ser obedientes. (...)". Chico foi exemplo vivo de obediência e resignação, demonstrando, no comportamento, a fortaleza de sua ativa fé.

b) Capítulo V de *O Evangelho Segundo o Espiritismo,* item 12, em apreciação do próprio Codificador - com o sugestivo título *Motivos de Resignação*, encontramos: "Por estas palavras: Bem-aventurados os aflitos, porque serão consolados, Jesus indica, ao mesmo tempo, a compensação que espera aqueles que sofrem, e a resignação que faz abençoar o sofrimento como o prelúdio da cura." E, realmente, as dores, sofrimentos e dificuldades enfrentadas pelo médium, com resignação e coragem, deram-lhe tranquilidade de consciência na continuidade das tarefas abraçadas, nunca reclamando, nem acusando, nem se defendendo. Exemplo mesmo de conduta cristã.

c) Item 18 – assinado por Lacordaire, em 1863 –, constante do mesmo capítulo V, na mesma obra, com o subtítulo *Bem e mal sofrer*, que nos oferece esta pérola: "(...) O desencorajamento é uma falta. (...) A prece é um sustentáculo para a alma, porém, ela não basta: é preciso que esteja apoiada sobre uma fé viva na bondade de Deus. (...)". Outro embasamento, sem dúvida, em que o comportamento do médium se encaixa com absoluta precisão.

d) A questão 909, por sua vez, em *O Livro dos Espíritos*, traz indicação clara desse esforço de melhora pessoal que todos devemos perseguir como verdadeiro programa ou planejamento de aperfeiçoamento. A pergunta é direta: "O homem poderia sempre vencer suas más tendências pelos seus esforços?" E a resposta, de uma clareza meridiana: "Sim, e, algumas vezes, por fracos esforços. É a vontade que lhe falta. Ah! Quão poucos dentre vós fazem esforços!" E Chico, em sua humildade, apesar das evidentes e visíveis virtudes, sempre teve sua vida pessoal, familiar, profissional e espírita mantida sob rigoroso e contínuo esforço por ser melhor.

Claro que, se continuarmos, vamos fazer encaixes diversos no legado desse incomparável médium, em quem os exemplos são inesgotáveis. Ideal mesmo é que esses exemplos todos nos sirvam de roteiro para nosso próprio aperfeiçoamento.

Sete

Outra importante pergunta selecionada no livro *Encontros no Tempo*, normalmente feita a muita gente – e Chico não escapou dela:

> *– Se soubesse ter chegado o seu último dia na Terra, que faria nesse dia?*
>
> *– Se soubesse de meu último dia no corpo, cancelaria qualquer tarefa, como sejam viagens ou contatos outros, para trabalhar, ao máximo, com os Bons Espíritos, de modo a aproveitar o restinho de tempo que estivesse ao meu dispor.*

Uma pergunta e uma resposta, ambas simples, diretas, objetivas, mas que permitem ampliar seu ângulo de análise para não ficarmos na superficialidade.

O médium renuncia – aliás, sua vida constituiu-se de inúmeras renúncias pessoais – a outras atividades para dedicar-se ao trabalho, ao máximo, com os Bons Espíritos, para bem aproveitar o tempo, como ressaltou.

A resposta pede-nos pensar:

O que seria efetivamente trabalhar com os Bons Espíritos?

Numa análise superficial, somos levados a pensar em psicografias, mas o trabalho com os Bons Espíritos não se restringe à mediunidade, em exercício efetivo, mas possui alcance mais amplo, que convida ao esforço em favor do próximo, no dever de fazer o melhor ao nosso alcance.

Quantos de nós não somos negligentes no uso do tempo, desperdiçando oportunidades com a ociosidade, o desinteresse, a acomodação.

Chico demonstrou, durante toda a sua vida, efetivo aproveitamento de tempo, com disciplina, dedicando-se, sim, à mediunidade socorrista ou psicográfica, mas igualmente visitando enfermos e necessitados, recebendo pessoas que o procuravam, respondendo cartas, empacotando mensagens para remessa a diferentes localidades, datilografando as psicografias e cumprindo extensa pauta de trabalho envolvido com as instituições a que se vinculou durante a vida, e com o estudo espírita, que não é apenas teórico, mas igualmente é socorrista e humanitário.

Daí suas famosas e conhecidas peregrinações, o atendimento continuado de conforto aos sofredores de todos os matizes.

É mesmo uma lição de trabalho, de perseverança, de dedicação, perfeitamente conectada ao ensino de Jesus: "Meu Pai trabalha até hoje, e eu trabalho também". (João 5, 17).

As disciplinas a que se impôs, a seriedade e a responsabilidade durante o período profissional e a dedicação à mediunidade – repita-se: na produção psicográfica e no socorro a encarnados e desencarnados – constituem lição para todos nós, luz e roteiro a iluminar nossos caminhos diante dos desafios diários de crescimento intelecto moral.

Diante dessas considerações, salta aos olhos a resposta dos Espíritos à questão 675 de *O Livro dos Espíritos:* "toda ocupação útil é um trabalho". Lição viva para grave reflexão!

Oito

Prudência nas revelações mediúnicas. Esse é um assunto sempre presente, que requer muita atenção, face ao dever de preservar os princípios doutrinários sem enxertos ou desvios dispensáveis. A pressa em publicar, a falta de uma análise criteriosa - que leve em conta os ensinos básicos do Espiritismo e mesmo sua finalidade e proposta - podem levar a desvios doutrinários, especialmente quando inspirados por Espíritos pseudossábios ou obedecendo a planejamentos contrários ao progresso e mesmo com objetivos vingativos, de perseguição, ou de desunião.

Nesses casos, vale lembrar a recomendação, constante no capítulo XX, do Espírito Erasto, item 230, em *O Livro dos Médiuns:* "(...) o que a razão e o bom senso reprovam rejeitai ousadamente; vale mais repelir dez verdades do que admitir uma só mentira, uma só falsa teoria. (...)"

Chico também foi interrogado a respeito, em questão selecionada no livro de que nos utilizamos (a obra *Encontros no Tempo*). A pergunta foi muito bem elaborada:

> *- Nem tudo o que você recebe dos Espíritos é transmitido às criaturas humanas. Se é exata esta suposição, qual é o motivo?*

A resposta - de um médium reconhecidamente espírita, comprometido com o bem, como se sabe - está perfeitamente conectada à recomendação de Erasto. Chico, embora um médium disciplinado, sem outros interesses senão o de servir, com alta capacidade de discernimento dos conteúdos que transmitia, novamente traz lição de humildade, incluindo-se entre os médiuns comuns e alertando sobre sua responsabilidade com a prudência nas revelações. Pela importância, e também pela brevidade do texto, opto por transcrevê-lo na íntegra:

> *– O médium, na Doutrina Espírita, à medida que se conscientiza das tarefas que desempenha, aprende com os Espíritos Amigos que só interessa o bem das criaturas e que o mal não merece considerações, a não ser aquelas que nos levem a extirpá-lo com espírito de amor. Por isso, tarefa mediúnica inclui a triagem necessária dos assuntos a serem comunicados, para que o bem seja sustentado entre nós. O médium responsável é semelhante ao guarda-chaves da ferrovia: deve ter cuidado na passagem dos comboios, evitando qualquer desastre. No caso é a passagem ou a filtragem das ideias.*

A expressão *médium responsável* é muito ampla, envolvendo conduta pessoal, relacionamento e atuação mediúnica e conhecimento doutrinário, incluindo – com se refere Chico na resposta – a triagem dos conteúdos a serem transmitidos ou divulgados. O termo *triagem* é exato e atende perfeitamente à responsabilidade do uso mediúnico.

Quem conhece o Espiritismo sabe que os Espíritos desencarnados se encontram em diferentes níveis intelecto-morais, assim como em diversos estágios de evolução e aprimoramento. Por conta desse detalhe fundamental, não é difícil concluir que entre eles estão também mentes perversas, maliciosas, ignorantes – não no sentido pejorativo, mas na falta de conhecimento –, vingativas e também aquelas que nada conhecem do Espiritismo, mas que também se comunicam com médiuns que pouco conhecem, agindo frivolamente. Claro que o inverso também ocorre, para não perder essa linha de raciocínio, com médiuns e Espíritos bondosos, operosos no bem. Mas por força dessas diferenças todas, morais e intelectuais, é preciso a aplicação daquela triagem nos conteúdos transmitidos pelos Espíritos, que podem ferir o bom senso, a lógica e os mais elementares princípios de dignidade, decência, ou serem agressivos ao conteúdo genuinamente espíritas.

A justa comparação de Chico, referindo-se aos médiuns – e nos quais se inclui com humildade e moderação –, como *guarda-chaves da ferrovia*, evitando desastres, é muito bem aplicada, pois que já são conhecidos os resultados e prejuízos advindos de pseudorrevelações ou divulgação de conteúdos mediúnicos em desacordo com o bom senso e a lógica trazidos pelo Espiritismo.

Tais revelações, normalmente recheadas com sensacionalismos, deturpam a ideia espírita, criam ameaças e medos, desviam focos de trabalho, e seus desdobramentos são normalmente lamentáveis.

Melhor, pois, ficarmos com a prudência citada por Chico e recomendada pelo Espiritismo.

Nove

O SUICÍDIO É UM GRANDE FLAGELO SOCIAL. JÁ SÃO

conhecidos seus efeitos sociais, na família que fica e nos desdobramentos sofridos dos que a ele se entregam.

As descrições mediúnicas, pela psicografia ou pela psicofonia, notadamente após o lançamento do grande livro *Memórias de um Suicida*, trazido pela mediunidade de Yvonne do Amaral Pereira, que se traduz num verdadeiro tratado sobre o tema, o suicídio é uma grande preocupação e motivo de aflição, com necessidade de que busquemos estudá-lo e compreendê-lo – até para poder ajudar em sua prevenção.

Pela quantidade diária de ocorrências no planeta, deve merecer nossa atenção para providências que atenuem essa tendência, despertando a mentalidade humana para o valor da vida, de sua preservação.

Estudiosos espíritas, escritores e palestrantes, médiuns e grupos de estudos estão sempre às voltas com o tema, trazendo explicações bem estruturadas e argumentos sólidos que projetem mais reflexão junto às variadas classes sociais para que esse mal seja banido da sociedade.

E Chico, em diferentes ocasiões, respondeu sobre o tema. Tanto a pergunta quanto a resposta selecionada do livro *Encontros no Tempo* para o presente trabalho são bem compactas, mas merecem ser trazidas para ampliar essa reflexão. O médium foi indagado desta forma:

> – *Se você dispusesse de alguns breves instantes para falar a uma pessoa prestes a suicidar-se, que diria a essa pessoa?*

A própria pergunta está muito bem elaborada e

desperta atenção pela objetividade de uma situação a que todos podemos enfrentar: estar diante de alguém que ameaça suicidar-se. Imagine o leitor dispor de alguns breves instantes para tentar ajudar alguém nessa situação.

E Chico respondeu com sabedoria. Note o leitor a conclusão da resposta:

> – *Diria imediatamente, qual já tenho feito em diversas ocasiões, que a morte não existe como extinção da vida e que convém a essa pessoa uma pausa para pensar nas próprias intenções, e revisá-las.*

Note a sabedoria do final: *que convém a essa pessoa uma pausa para pensar nas próprias intenções, e revisá-las.*

Essa é uma necessidade geral, de todos nós, nas diferentes situações da vida.

Todos nós precisamos de uma pausa para pensar e revisar as próprias intenções. A recomendação amplia-se para diferentes situações e não se restringe a alguém prestes a suicidar-se. Mas, é claro, que o peso diante de uma pessoa com essa intenção é muito maior.

Farto material de estudo está disponível em *O Livro dos Espíritos*, questões 943 a 957. Busque-se, contudo, *O Evangelho Segundo o Espiritismo*, capítulo V, item 16, e encontrará: "(...) A propagação das ideias materialistas é, pois, o veneno que inocula, em um grande número de pessoas, o pensamento do suicídio (...)", razão pela qual todos nós estamos conclamados a divulgar a noção geral da imortalidade da alma e da responsabilidade que trazemos perante a vida.

Dez

O LIVRO EM QUESTÃO, *ENCONTROS NO TEMPO*, AINda nos TRAZ estas pérolas para o nosso conhecimento e reflexão.

Os temas abaixo estão ligados entre si, embora tenham sido fruto de duas perguntas distintas. Pela conexão das perguntas e respostas, pareceu-nos oportuno estarem juntas.

No tema *Tristeza e alegria pessoal*, perguntaram ao médium:

> – (...) *qual é o episódio que lhe traz tristeza e o que lhe dá mais alegria?*

A resposta, como não poderia ser diferente, cabe a todos nós nos questionamentos e desafios existenciais:

> – *Se tenho algum pensamento de tristeza é o de não ter aproveitado convenientemente, em cinquenta anos consecutivos de trabalho mediúnico, tantos ensinamentos nobres, quais os que têm passado por minhas mãos. E o episódio que me causa mais alegria é o de haver conhecido a Doutrina Espírita, que tanta proteção e amparo me dispensa, auxiliando-me a compreender os meus próprios erros e reduzi-los.*

Note o leitor a grande lição da resposta: tristeza por não ter aproveitado os ensinos que lhe vieram através das próprias mãos e a alegria por ter conhecido o Espiritismo.

Um médium dessa nobreza, com tantos exemplos

de desprendimento e humildade, de serviço disciplinado no bem, fazer uma afirmação deste porte. Uma lição para todos nós, que tantas vezes nos deixamos seduzir pelo orgulho e pela vaidade.

Realmente, a experiência humana é rica em aprendizados, e desprezar essa oportunidade, principalmente se considerarmos os ensinos disponíveis, é causa mesmo de imensa tristeza, contrapondo-se à alegria da presença do Espiritismo em nossas vidas.

Afinal, como indica *O Livro dos Espíritos*, na questão 893, "(...) o sublime na virtude consiste no sacrifício do interesse pessoal para o bem do próximo, sem oculta intenção (...)", completando o pensamento de Chico em sua resposta: *auxiliando-me a compreender os meus próprios erros e reduzi-los.*

Exatamente esse sacrifício do interesse pessoal deve ser nossa meta, que reduz os erros e faz compreender nossa necessidade de progresso, como Chico tão bem viveu e exemplificou. Motivo, pois, de sua alegria.

Por isso, quando indagado em qual a receita da felicidade, ele não teve qualquer receio em afirmar positivamente:

> – O *caminho da felicidade, bem sei qual é. É o caminho que Jesus nos apontou, ensinando-nos a amar o próximo, tal qual Ele mesmo nos ama e nos amou. Difícil para mim é andar no caminho da felicidade, embora eu saiba que o mapa está no Evangelho do Senhor...*

Palavras sábias, que não temos como contestar.

Onze

Na questão 26 do livro *Encontros no Tempo*, Chico recebeu a seguinte indagação:

– *Por que o homem sofre?*

Sua resposta é bem uma orientação de vida:

– *(...) o homem dramatiza, talvez demais, o problema da dor, porque nada de bom se adquire sem esforço. E todo esforço, seja para aprender ou reaprender, edificar ou reedificar, exige sofrimento. Creio que o sofrimento é uma necessidade inarredável da evolução e do aprimoramento que nos cabe realizar.*

Já na questão 28 do mesmo livro, sobre *Conquista da fé*, sua resposta traça verdadeiro roteiro de compreensão sobre nossos deveres perante a vida:

– *A conquista da fé, a nosso ver, se faz menos penosa quando resolvemos ser fiéis, por nós mesmos, às disciplinas decorrentes dos compromissos que assumimos.*

Ambas as questões, verificando-se o comentário do médium sobre o esforço que nos cabe no sentido do próprio aperfeiçoamento, levam ao notável texto assinado por Lázaro, com o título *O Dever*, e constante do capítulo XVII de *O Evangelho Segundo o Espiritismo*. No texto, que recomendamos com ênfase ao leitor, encontramos: "(...) O dever é o resumo prático de todas as especulações morais; é uma bravura da alma que afronta as angústias da luta; (...)"

Em *O Livro dos Espíritos*, por sua vez, capítulo XII – *Perfeição Moral*, questões 893 a 919, há farto material para ampliar a reflexão. O desenvolvimento das questões contidas nos subtítulos *As virtudes e os vícios, Das paixões, Do egoísmo, Caracteres do homem de bem, Conhecimento de si mesmo* é riquíssimo em orientações nessa direção do esforço próprio e do comprometimento com os compromissos assumidos.

E podemos concluir, contudo, com a resposta à questão 920, no capítulo seguinte da mesma obra, quando diante da indagação de Kardec sobre se haveria a possibilidade de se desfrutar, na Terra, de uma felicidade completa, os Espíritos responderam que "Não, visto que a vida lhe foi dada como prova ou expiação. Mas depende dele (o ser humano) amenizar seus males e ser tão feliz quanto se pode ser sobre a Terra."

É a essência da resposta de Chico.

Doze

AINDA NO MESMO LIVRO *ENCONTROS NO TEMPO*, a pergunta é muito pertinente e permanece com uma atualidade expressiva, face às atividades das instituições inspiradas pelo ideal espírita.

– Seria de melhor proveito para os Centros Espíritas se dedicarem mais à elucidação das crianças, embora diminuindo trabalhos de mediunismo?

– A assistência à mente infantojuvenil, no campo do Espiritismo Cristão, é serviço básico de que não deveríamos descurar. A educação é obra de tempo, esforço e paciência, e sem que nos voltemos para a sementeira com a dedicação precisa, não alcançaremos a colheita valiosa. Repetimos que a criança é o futuro, com a preocupação de que os princípios do bem ou do mal, que inocularmos na formação do mundo infantil, são vantagens ou desvantagens para nós mesmos, uma vez que o porvir nos espera, de modo geral, em novas existências. Cremos, assim, que, se necessário, a redução dos trabalhos de mediunismo é medida de importância fundamental nas instituições de Espiritismo Evangélico, favorecendo-se maior expansão da obra de socorro espiritual à criança, na execução dos nossos programas doutrinários.

Podemos buscar, para melhor entendimento da resposta do médium, a orientação constante de *O Livro dos Médiuns*, no item 292 – pergunta 22: "(...) Não olvideis que o objetivo essencial, exclusivo, do Espiritismo é vosso adiantamento, e é para alcançá-lo que é permitido aos Espíritos vos iniciar quanto à vida futura, oferecendo-vos exemplos que podeis aproveitar. Quanto mais vos identificardes com o mundo que vos espera, menos lastimareis aquele em que estais agora. Esse é, em suma, o objetivo atual da revelação."

E vale, para efeito de estudo e pesquisa, buscar também as questões 379 e especialmente a 385 – no subtítulo *Da infância*, em *O Livro dos Espíritos*, que igualmente embasa a sábia resposta do médium.

Treze

O CONVITE DE JESUS "SEDE PERFEITOS!" É MUITO expressivo para ficarmos indiferentes a chamamento de tal monta. O Mestre da Humanidade convoca-nos diretamente a uma melhor postura, a uma busca continuada pela renovação moral, com indicações claras que cabem em todas as situações, inclusive na mediunidade. E o *Encontros no Tempo* nos traz a oportunidade dessa reflexão com as respostas do conhecido médium mineiro:

O entrevistador foi igualmente claro em sua indagação:

> *– É oportuno o desencadeamento de insistente campanha para a transformação do 'bom médium' em 'médium bom'?*

Chico respondeu com sua conhecida peculiaridade moral:

> *– A transformação do 'bom médium' em 'médium bom' é serviço precioso, de vez que não vale atender a simples fenômenos, destinados a convicções da curiosidade respeitável, mas nem sempre construtiva, e sim aproveitar os valores da Doutrina e incorporá-los à nossa própria experiência, a fim de que o próximo seja mais feliz, e a vida, mais elevada e mais digna, ao redor de nós.*

Esse "*aproveitar os valores da Doutrina e incorporá-los à nossa própria experiência*", acentuado pelo médium, é bem o programa de renovação moral que deve nortear nossos caminhos diários, atendendo ao grande distintivo para o adepto espírita: "Reconhece-se o verdadeiro espírita pela sua transformação moral e pelos esforços que faz para domar as suas más inclinações", conforme indicação de *O Evangelho Segundo o Espiritismo*, capítulo XVII, item 4.

No caso de compromisso ou tarefa mediúnica, o raciocínio é o mesmo. Colhemos de *O Livro dos Médiuns*, em seu capítulo *XX – Influência Moral do Médium*, as importantes considerações que relacionamos a seguir:

> 1 – "(...) Não creiais que a faculdade medianímica seja dada para corrigir somente uma ou duas pessoas; não; o objetivo é maior: trata-se da Humanidade. Um médium é um instrumento muito pouco importante como indivíduo; por isso, quando damos instruções que devem aproveitar à generalidade, servimo-nos daqueles que possuem as facilidades necessárias; mas admitais, por certo, que virá um tempo no qual os bons médiuns serão bastante comuns, para que os Bons Espíritos não tenham necessariamente de se servirem de maus instrumentos. (...)." – item 5;
>
> 2 – "(...) Condições necessárias para que a palavra dos Espíritos Superiores nos chegue pura de toda alteração: querer o bem; enxotar o egoísmo e o orgulho; as duas coisas são necessárias." – item 11;
>
> 3 – "(...) Os Espíritos, que considerais como sendo a personificação do bem, não se entregam de boa vontade ao apelo daqueles que têm o coração manchado pelo orgulho, pela cupidez e pela falta de caridade (...)" – item 12.

Também em *O Evangelho Segundo o Espiritismo*,

outra afirmação não deixa qualquer dúvida sobre o compromisso do médium e o dever de se tornar um médium bom:

> "Os médiuns modernos (...) receberam de Deus um dom gratuito: o de serem os intérpretes dos Espíritos para a instrução dos homens, para mostrar-lhes o caminho do bem e conduzi-los à fé. (...) Deus quer que a luz alcance a todos (...)" – item 7 do capítulo XXVI, da obra citada.

Por essas razões, quando indagado sobre o desenvolvimento mediúnico, o médium respondeu com clareza:

> – *O desenvolvimento da sublimação mediúnica permanece na corrente dos pensamentos, palavras e atos do medianeiro da vida espiritual, quando ajustado ao ministério de fraternidade e luz que a sua tarefa implica em si mesma.*

É esse ***ajustado ao ministério de fraternidade e luz*** que devemos colocar toda nossa atenção.

Quatorze

O VELHO TEMA DAS ENFERMIDADES E AS AFLIÇÕES delas decorrentes sempre ensejaram questionamentos e debates importantes nos estudos da vida humana e seus desafios.

A resposta do médium à indagação – abaixo também transcrita e constante do *Encontros no Tempo* – oferece farto material para estudos e reflexões como instrumento de auxílio, especialmente aos que buscam ajuda para atendimentos no caso de enfermidades:

– Existem pessoas que têm acorrido a todos os recursos terrenos e espirituais na espera de uma cura para sua enfermidade e, não tendo resolvido seu problema, acabam chegando à descrença. Mesmo sem fé, muitas vezes ainda procuram você como um recurso. Essas pessoas podem chegar a receber uma cura?

– Acredito que, se a pessoa está no merecimento natural de cura, tenha ela fé, ou não tenha fé, a misericórdia divina permite que essa criatura encontre a restauração de suas forças. Isso em qualquer lugar, em qualquer religião, ou em qualquer tempo; agora, os Espíritos nos aconselham um espírito de aceitação. Primeiramente, em qualquer caso de doença que possa ocorrer em nós, em nosso mundo orgânico. O espírito de aceitação torna mais fácil para o médico deste mundo ou para os Benfeitores Espirituais do outro atuarem em nosso favor. Agora, a nossa aflição ou a nossa inquietação apenas perturbam os médicos neste mundo e no outro, dificultando a cura. E podemos ainda acrescentar: que, muitas vezes, temos conosco determinados tipos de moléstias que nós mesmos pedimos, antes da nossa reencarnação, para que nossos impulsos negativos ou destrutivos sejam treinados. Muitas frustrações que sofremos neste mundo são pedidas por nós mesmos, para que não venhamos a cair em faltas mais graves do que aquelas que já caímos em outras vidas. Mas, como estamos num regime de esquecimento – como uma pessoa anestesiada para

sofrer uma operação –, então nos desmandamos em rebeldia, em aflição desnecessária, exigindo uma cura, que, se tivermos, será para a nossa ruína. Não para o nosso benefício.

Essa aceitação, tão bem apresentada na resposta do médium, remete-nos, de imediato, às preciosas mensagens e considerações constantes do capítulo V, de *O Evangelho Segundo o Espiritismo*, que indicamos ao leitor, em especial:

a) Causas atuais das aflições;
b) Causas anteriores das aflições;
c) Esquecimento do passado;
d) Motivos de resignação;
e) Bem e mal sofrer;
f) O mal e o remédio.

Concluímos com a significativa expressão contida no primeiro parágrafo da preciosa mensagem intitulada *A Paciência,* constante do capítulo IX, da mesma obra, item 7: "A dor é uma bênção que Deus envia aos seus eleitos; não vos aflijais, pois, quando sofrerdes, mas bendizei, ao contrário, o Deus todo-poderoso, que vos marcou pela dor neste mundo para a glória no Céu. (...)".

Quinze

O TEMA *DIVULGAÇÃO ESPÍRITA* – NAS VARIADAS ferramentas atualmente à disposição – sempre me empolgou o coração. O envolvimento com a imprensa falada e escrita, e mesmo com o advento da internet, das mídias sociais, mais as facilidades atuais da tecnologia transformaram toda a comunicação humana, com reflexos muito positivos para a expansão da ideia espírita.

O que pensar, por outro lado, na temática *Unificação* e *Elitização*?

Do mesmo livro *Encontros no Tempo*, nas questões selecionadas, os assuntos são tratados pelo médium com simplicidade e, ao mesmo tempo, com sabedoria.

As respostas do médium falam por si. Convido o leitor à apreciação das valiosas considerações:

Comunicação de Massa

– Admito seja nossa obrigação servir sempre à causa do bem de todos, formando, assim, o preciso ambiente para que se manifeste a colaboração dos Espíritos Superiores. No caso, lembro-me do trabalho da aviação: sem aeroporto conveniente, o avião não encontra pouso seguro. Se o Espírito encarnado não colaborar no bem, será muito difícil o intercâmbio com os Espíritos Elevados.

Divulgação doutrinária

– Como favorecer a cooperação dos Espíritos Superiores na planificação das ideias de propaganda da Doutrina Espírita?

– A resposta será mesmo: estudar sempre, com a aplicação dos ensinamentos nobres que venhamos a

colher. Nesse sentido, sempre noto que o diálogo entre grupos reduzidos de estudiosos sinceros apresenta alto índice de rendimento para os companheiros que, efetivamente, interessam-se pela divulgação dos princípios Kardequianos.

– Qual o mais eficiente meio de divulgação das obras da Codificação Kardequiana?

– Creio seja vivenciar a nossa Doutrina, através do nosso testemunho diário de renovação gradativa para o bem, a começar do íntimo de nossas próprias casas.

Unificação e Doutrina Espírita

– (...) deveríamos refletir em unificação, em termos de família humana, evitando os excessos de consagração das elites culturais na Doutrina Espírita, embora necessitemos sustentá-las e cultivá-las com respeitosa atenção, mas nunca em detrimento dos nossos irmãos em Humanidade, que reclamem amparo, socorro, esclarecimento e rumo. Integrar-nos na vida comunitária, vivendo-lhe as necessidades e as lutas, os problemas e as provas, com a luz do conhecimento espírita, clareando atitudes e caminhos; para nós, a meu ver, deveria ser uma obrigação das mais simples. Não consigo entender o Espiritismo sem Jesus e sem Allan Kardec para todos, com todos e ao alcance de todos, a fim de que os nossos princípios alcancem os fins a que se propõem. Não consigo pensar de outro modo, peço a Jesus a todos nos esclareça e abençoe.

Elitização

– *(...) precisamos conversar desapaixonadamente sobre o nosso movimento. É preciso que nós, os espíritas, compreendamos que não podemos nos distanciar do povo. É preciso fugir da tendência à elitização no seio do movimento espírita. É necessário que os dirigentes espíritas, principalmente os ligados aos órgãos unificadores, compreendam e sintam que o Espiritismo veio para o povo, e com ele dialogar. É indispensável que estudemos a Doutrina Espírita junto com as massas, que amemos a todos os companheiros, mas, sobretudo, aos espíritas mais humildes, social e intelectualmente falando, e deles nos aproximarmos com real espírito de compreensão e fraternidade. Se não nos precavermos, daqui a pouco estaremos em nossas casas espíritas apenas falando e explicando o Evangelho do Cristo às pessoas laureadas por títulos acadêmicos ou intelectuais e confrades de posição social mais elevada. Mais do que justo evitarmos isso (repetiu várias vezes), a elitização no Espiritismo, isto é, a formação do "espírito de cúpula", com evocação de infalibilidade, em nossas organizações.*

Dezesseis

Onde se encontram a ciência e a fé?

Como uma influencia a outra?

No tema em questão, escolhemos, do livro *Encontros no Tempo*, pequeno trecho da resposta.

Pela importância da longa resposta, selecionamos o trecho mais expressivo, de grande significação para nossa orientação.

– *(...) Os Espíritos nos ensinam a valorizar cada vez mais a influência da oração em nossos processos de cura, mormente quando estejamos sob impactos emocionais muito fortes, que podem determinar a eclosão de muita moléstia obscura. (...)*

O tema sugere busca atenta aos capítulos finais de *O Evangelho Segundo o Espiritismo*, os capítulos XXVII e XXVIII. Especialmente o *Pedi e Obtereis*, que aborda sobre qualidades e eficácia da prece e, mesmo, ação da prece, abrilhantado pelas *Instruções dos Espíritos: Maneira de orar*. E o *Coletânea de Preces Espíritas*, com modelos para uso do leitor, mas com valiosos pequenos prefácios, de valor didático-doutrinário muito expressivo. Será muito interessante termos sempre em pesquisa os cinco itens elencados pelo Codificador e seus desdobramentos consequentes, caso a caso.

O que se busca destacar, sem dúvida, é a afirmativa do médium sobre a influência da oração em nossos processos de cura, com perfeito respaldo às considerações do Codificador na obra básica referida.

Os dois capítulos são de máxima importância e devem ser estudados, debatidos, estimulados ao estudo pelos frequentadores das reuniões e grupos, pois que é de grande utilidade e alento aos que buscam processos de equilíbrio e orientação.

Sábias respostas

Referência bibliográfica:

A Terra e o Semeador

Organizador: Hércio Marcos Cintra Arantes

Dezessete

Francisco Cândido Xavier enquadra-se perfeitamente na definição dada pelo Espírito Joanna D'Arc (constante do item XII - capítulo XXXI de *O Livro dos Médiuns),* referindo-se ao mediunato, que é a qualidade dos médiuns que não se deixam vencer pelo orgulho, face às seduções da vaidade e dos elogios. Chico foi capaz de resistir e vencer os elogios que lhe eram dirigidos e nunca se deixou seduzir pela vaidade de se considerar infalível ou possuidor de méritos, embora todos saibamos de suas imensas virtudes.

O próprio Espírito autor, na sequência do texto citado, indica, aconselhando aos médiuns: "(...) estarem sempre em guarda contra esse cruel inimigo que é o orgulho (...). (...) a se colocarem em guarda contra esse escolho através do qual viriam a se destruir; esse escolho, eu vos disse, é o orgulho."

No texto seguinte, o classificado como XIII, dentro do mesmo capítulo, é a vez do Espírito Pascal recomendar: "(...) importa vos preparardes (...) pelo recolhimento, por sadias intenções e pelo desejo de fazer o bem (...)", qualidades sempre presentes no médium Xavier.

Por esse motivo que extraímos, de *A Terra e o Semeador*, vários trechos de entrevista - onde a grandeza moral do médium fica exposta em suas respostas:

Mediunidade e Obsessores

(questão 17)

– Como médium, em suas tarefas específicas, você está livre do assédio dos Espíritos perseguidores?

– De modo algum. Conheço Espíritos perseguidores, comigo associados naturalmente desde o pretérito, que me seguem os passos desde a meninice de minha existência atual. Naturalmente, devo contar com esses credores, pela natureza de minhas dívidas desde o passado, mas a verdade é que, com a graça de Deus, até hoje, nunca me poupam as fraquezas e imperfeições, nas brechas de minha ignorância e de minha vaidade.

Preventivos da Obsessão

(questão 18)

– Desejaríamos saber a sua opinião sobre a melhor maneira de nos isolarmos contra os Espíritos perseguidores.

– Nosso querido Emmanuel habituou-me a dois métodos de liberação progressiva – o primeiro é a oração, pela qual nos lembramos de Deus; e o segundo é o serviço, pelo qual nos esquecemos de nós.

O Verdadeiro Espírita

(questão 19)

– (...) Poderá nos dizer qual é a melhor maneira,

segundo o seu ponto de vista, para que a criatura se torne um verdadeiro espírita?

– Os Benfeitores Espirituais sempre me dizem que temos espíritas de variados matizes e acrescentam que o espírita ideal é sempre aquele que conjuga a sua fé com o trabalho ativo no bem incessante, tomando por base o próprio aperfeiçoamento. Emmanuel costuma afirmar que o espírita genuíno é sempre alguém que caminha no mundo aprendendo e servindo, porque, aprendendo, estaremos na educação e, servindo, viveremos na caridade. (...)

Dezoito

TAMBÉM, NO MESMO LIVRO CITADO, DESTACAMOS entrevista realizada pela apresentadora Hebe Camargo, a 17 de setembro de 1973, no Horto Florestal Paulistano, para o seu programa da *TV Record*, em São Paulo, ressaltando, com destaque em negrito, trechos fundamentais de suas respostas:

DELINQUÊNCIA E TERRORISMO

(questão 25)

– Nosso Emmanuel, que tem estado sempre em contato intensivo conosco, sempre afirma que esse quadro de perturbações de nosso tempo é, em grande parte, devido à ausência da influência religiosa nas novas gerações. (...) ***A falta da ideia de Deus e***

a ausência de religião no pensamento da criatura geram tendências à criminalidade, à violência, à subversão, *a dificuldades que chegam, às vezes, até a loucura.*

– Nós poderíamos saber, através de você, de algum modo, a causa profunda dos conflitos da nossa época?

– Hebe, parece incrível, mas Emmanuel costuma dizer que a era tecnológica pretende, na essência, construir ***uma civilização sem as mães, e isso é um erro muito grande****, de modo que, criando dificuldades para a mulher e, especialmente, para a maternidade, estamos condenando a nós mesmos a muitas perturbações, porque a mulher sem apoio entra, naturalmente, em desespero, dando origem a determinadas teorias que não são aquelas do feminismo autêntico, aquele feminismo correto que prepara a mulher para a independência construtiva. Dizendo isso, cremos que será justo esquecer as teorias enfermas que levam a mulher a ilusões destrutivas, com as quais se compromete o equilíbrio do grupo social.*

Precisamos, realmente, não reprovar o comportamento da mulher, e sim estudar por que meios conseguiremos auxiliar as nossas irmãs de humanidade para que se sintam conscientizadas da responsabilidade de serem mulheres com encargos muito mais importantes do que os encargos atribuídos ao homem, porque o homem é a administração, ***e a mulher é o lar, e sem o lar não sustentamos a cúpula com a segurança desejada.***

Amor Livre

(questão 27)

– *(...) Temos ouvido de nossos Amigos Espirituais que deveríamos educar os nossos filhos e descendentes para que eles se conscientizem nas responsabilidades do amor, com mais educação para a vida afetiva, de modo a se sentirem mais seguros na vida afetiva, principalmente quanto ao relacionamento sexual.*

O Espírita e as outras religiões

(questão 30)

– *Em termos ecumênicos, naturalmente, será sempre em termos de respeito recíproco. Nessa base, creio que todos nós, os religiosos das diversas correntes do pensamento cristão, estaremos unidos em torno de Nosso Senhor Jesus Cristo. Cremos que os espíritas, conquanto fieis às interpretações de Allan Kardec, estarão sempre dispostos ao diálogo e ao entendimento com todos, para que alcancemos as soluções adequadas à nossa paz e à tranquilidade geral.*

Ciência e Crença em Deus

(questão 31)

– *Não podemos viver tão somente da inteligência. Precisamos de amor para sobrevivermos a todas as calamidades necessárias ao processo evolutivo em que todos estamos envolvidos na Terra. (...) Estamos certos de que, por intermédio do amor, a era tecnológica não será um deserto, um céu despovoado de alegria, porque não nos adianta estarmos rodeados de computadores que sabem o que há em Marte ou o que há em Júpiter, e vivermos aqui, sedentos de carinho, morrendo à míngua de assistência espiritual.*

Reencarnação de Emmanuel

(questão 33)

– (...) até costuma me dizer: – Quando eu estiver na vida física, e vocês estiverem fora do corpo físico, vocês vão ver como é difícil entrarmos em comunicação com vocês e como é difícil orientar os companheiros para o bem.

Desequilíbrio emocional e perturbação espiritual

(questão 36)

– (...) Acha você que, quando a gente chora muito por um ente que nos deixou aqui, perturba o seu Espírito?

– Geralmente, quando partimos da Terra, partimos em condições difíceis, sempre traumatizados por violenta saudade, e essa saudade também fica do lado de cá. Se persistirmos nas impressões de dor negativa, cultivando angústia interminada, isso se reflete sobre a pessoa que nós amamos.

Sem dúvida, o parente é nosso, a lágrima é uma herança nossa, sofremos e choramos, mas ***sempre que pudermos chorar escorados na fé em Deus, escorados na certeza de que vamos nos reencontrar, isso tranquiliza aquele ente querido que espera de nós um diálogo pacífico.***

Os Espíritos e as provações coletivas

(questão 37)

– *(...) Se ocorrem, em nosso campo de criaturas humanas, determinados conflitos, isso ocorre à nossa conta, porque, claramente, que o homem terá criado o robô, mas Deus criou o Espírito humano, livre, herdeiro das qualidades divinas, e o homem – configurando aí o homem e a mulher – obviamente possui suas faculdades próprias de autodeterminação, e por si mesmo necessita compreender que todos dependemos uns dos outros (...)*

Sociedade permissiva

(questão 38)

– *(...) só dentro da compreensão mútua é que atingiremos a paz (...)*

As orientações do médium, em suas respostas, são bastante claras. Demonstram a visão de um ser espiritualizado, de alguém experiente com as velhas e complexas questões humanas. Não é por acaso que trouxe consigo a tarefa de expansão do pensamento espírita pelo exemplo de conduta e comportamento cristão. Já está em sua alma o sentido de vivência evangélica.

Rápida releitura das respostas a Hebe coloca-nos em sintonia com o legítimo pensamento cristão. Observe-se, por exemplo – para citar um único, já que as respostas falam por si – o trecho destacado da última resposta: *(...) só dentro da compreensão mútua é que atingiremos a paz (...)!* O tema da pergunta foi sobre *Sociedade permissiva,* e ele evoca a compreensão mútua para atingirmos a paz. Ora, não é difícil perceber que a compreensão mútua é a chave da harmonia. Somente encontraremos paz se nos compreendermos mutuamente.

Sabedoria de quem conhece, de quem viveu experiências que o capacitaram para a compacta resposta.

Dezenove

Na entrevista concedida a Salvador Gentile, na data de 5 de dezembro de 1971, Chico respondeu a inúmeras perguntas, quando da visita para uma tarde de autógrafos, em Araras. As perguntas e as respectivas respostas traduzem a lucidez de um homem com alta compreensão dos desafios humanos. Compreensão que o fez abordar temas complexos sem denegrir pessoas ou instituições, iniciativas ou ocorrências, e sempre com direção no sentido do bem, da valorização humana, e com indicação clara de superação de tais desafios.

Veja-se, por exemplo, a lucidez das respostas às questões 47 e 48, abaixo descritas. Elas atendem a grande necessidade evolutiva do planeta, na atualidade. O conteúdo das duas respostas permite amplos debates e estudos, constituindo material valioso para orientação da vida individual e coletiva. Deixamos, pois, ao leitor, para apreciação.

Perturbação na atualidade

(questão 45)

– Os Espíritos Amigos que se comunicam são unânimes em afirmar que ***essa taxa crescente de perturbação, na atualidade, decorre do desequilíbrio existente entre as nossas conquistas de ordem científica e o atraso de nossos sentimentos.*** *(...) À medida que o progresso nos exonera as mãos de maior esforço, mais amplamente estamos a sós conosco nos caminhos da vida. (...)*

Obsessão e livre-arbítrio

(questão 47)

– Chico Xavier, os Espíritos desencarnados em desequilíbrio influem sobre os encarnados a ponto de subtrair-lhes o livre-arbítrio? Como e quando?

– (...) é impossível admitir que uma criatura, encarnada ou desencarnada, consiga furtar o livre-arbítrio nas fontes do nosso pensamento (...) Nestas circunstâncias, somos impulsionados a crer que os Espíritos obsessores encontram em nós afinidades ou

raízes de ligação com as quais se harmonizam conosco, quando, na realidade, são companheiros nossos, da existência atual ou de outras eras, que passam a integrar conosco verdadeira legião de criaturas perturbadas. (...) Em vista disso, a criatura, quando está positivamente obsediada, pode estar refletindo toda uma falange de Espíritos infelizes que se afinam com ela. Processo obsessivo, a nosso ver, é problema de harmonização ou de aceitação, no mecanismo de nossos relacionamentos recíprocos.

Os tempos são chegados

(questão 48)

– (...) Construir por fora foi sempre algo fácil, mas edificar por dentro de nós as qualidades superiores, que nos converterão em Espíritos realmente enobrecidos, é muito difícil. Os tempos são chegados para que percebamos isso com mais clareza. Trabalhar, e trabalhar pelo bem de todos, é o programa da criatura, em todos os tempos, de modo a penetrar no entendimento e na execução das Leis de Deus.

Evolução e Encarnação

(questão 50)

– Chico Xavier, por que se diz que o Espírito, para evoluir, precisa se encarnar? No Mundo espiritual, ele não evolui?

(...) o corpo (...) funciona como sendo uniforme,

num educandário. (...) cabe-nos, portanto, admitir que, uniformizados pelo padrão do vestuário físico, na escola da Terra, somos favorecidos com disciplina que, de momento, não estimamos receber. (...) Numa comunidade ideal, com vinte, quarenta ou dez pessoas raciocinando por uma faixa só, estamos tão felizes que corremos o risco de permanecer estanques, em matéria de evolução, por muito tempo.

Beneficiados com a reencarnação, o estacionamento é quebrado de modo natural, para que sintamos a sede de novos conhecimentos, fome de amor e anseio de compreensão, de vez que não ignoramos que sede e fome são fatores que nos obrigam a trabalhar muito. Então, espiritualmente, semelhantes fatores na vida do Espírito estão vigorando para nós todos, com a função de nos estimularem ao burilamento e ao progresso.

Supervisão médica das curas mediúnicas

(questão 53)

(...) estamos convencidos de que todas as pessoas que recorrem à oração estão munidas de um poder cuja extensão, por enquanto na Terra, não conseguimos avaliar.

Função da Doutrina Espírita

(questão 56)

– Estamos convencidos, segundo as afirmativas

dos nossos Benfeitores Espirituais, que ***a mais elevada função da Doutrina Espírita*** *é a de restaurar os ensinamentos de Jesus com as elucidações de Allan Kardec, para a felicidade real das criaturas.*

Vinte

Sempre ouvi de meu velho tio – aqui com o sentido carinhoso de gratidão –, Pedro Carrara (dedicado seareiro espírita na cidade de Mineiros do Tietê (SP), que retornou à Pátria Espiritual em 1982, com apenas 55 anos de idade), que três devem ser as principais metas (que, claro, desdobram-se em outras) de uma instituição espírita: a) o estudo doutrinário; b) a educação espírita da infância, aqui considerados inclusive o espaço físico, o preparo e o investimento nos recursos humanos e materiais necessários; c) a integração do jovem nas atividades.

Nunca me esqueci dessa recomendação e vejo hoje, com a experiência da maturidade, o acerto da afirmação. Afinal, uma instituição que não leva seus integrantes a estudar não se alicerça com segurança para a prática e a vivência espírita. Por outro lado, em não havendo atenção para com a criança, está falhando no principal objetivo e, se não integrar o jovem às suas atividades, corre o risco de criar um hiato com prejuízos visíveis à continuidade da atividade espírita.

As questões abaixo transcritas trazem respostas fecundas para uso de dirigentes espíritas e mesmo trabalhadores nas áreas da infância e da mocidade. Observe o leitor.

Com o título *Entrevista com Chico Xavier sobre a Pré-Mocidade*, publicada pelo jornal *A Flama Espírita*, de Uberaba (MG), em 25 de dezembro de 1971, nas perguntas apresentadas por Sonia Barbante Santos, as respostas de Chico trazem expressiva atualidade no sempre requisitado tema, que intitulou o capítulo: *Anseios da Mocidade Espírita, do livro ora observado.*

Programa para os jovens

(questão 62)

> *– Cremos que é nossa obrigação ministrar conhecimentos práticos, ideias tão sólidas quanto possíveis, quanto à realidade da vida em si. Precisamos acordar não só a juventude como também a madureza para as questões da autenticidade. Devemos ser nós mesmos com a aceitação, até mesmo, de nossas próprias imperfeições, para que venhamos a nos conhecer por dentro, melhorando o nosso padrão de vida íntima, com a reforma que a Doutrina Espírita nos aconselha e com o aproveitamento máximo de nosso tempo de reencarnação.*

Estudo em grupo

(questão 63)

> *– (...) não podemos nos esquecer de que, na base*

do Cristianismo, ***o próprio Jesus desistiu de agir sozinho, procurando agir em grupo.*** *(...)*

Motivação de aulas doutrinárias

(questão 64)

– De que modo podemos fazer o adolescente interessar-se pelas aulas de Doutrina? Que motivação usaríamos?

– Creio que um entendimento entre os professores, para que eles possam estudar o problema de relacionamento entre eles e os alunos, é uma iniciativa que nós não podemos desprezar, porque aprendemos com os nossos Benfeitores Espirituais que cada Espírito é um mundo por si, que Deus não dá cópias; cada um de nós é uma criação independente, de modo que precisamos estudar a natureza, as tendências, os problemas, as dificuldades, as facilidade de cada um de nossos companheiros que levam o nome de nossos aprendizes, para que venhamos a beneficiá-los com a nossa influência, os ensinamentos de que sejamos portadores. Mas embora sejamos apaixonados pelas histórias que usam apólogos e símbolos, nós acreditamos que estamos faceando agora num período de progresso da Humanidade, em que devemos usar a verdade tanto quanto possível, mas a verdade que não fira, a verdade que não destrua, porque, se o professor é autêntico, descobre autenticidade em seu aluno; encontra a chave para penetrar na mente e no coração do aluno, de modo a auxiliá-lo. Então,

o problema do relacionamento é problema vital em toda escola. ***Devemos estudar, observar bem, para que nós venhamos a criar o clima capaz de interessar os nossos irmãos adolescentes no estudo da verdade. Entretanto, somos também do parecer de que cada Centro Espírita é um educandário em que os adultos também estão na mesma posição. Nós precisamos descobrir quais as motivações para que os adultos se interessem pela Doutrina Espírita.*** *Não somente receber os benefícios, como sejam os benefícios da prece, do passe, do amparo espiritual, do auxílio magnético, mas a luta da criatura em si para o conhecimento dela própria, à luz da verdade. São assuntos da atualidade, que nós precisamos estudar para penetrá-los devidamente.*

– Para despertar, então, no adolescente, o amor à Doutrina, o caminho seria este?

– Cremos que sim: o amor à Doutrina, com demonstrações da vida prática.

Debates e respeito

(questão 65)

– Quer dizer que o senhor acha que devem constar, do programa do Curso Pré-Mocidade, além da parte doutrinária, aulas práticas?

– Se houvesse possibilidade, aulas expressando contatos humanos entre os professores e alunos, palestras, conversações em grupo, em que cada um

pudesse expor suas ideias, mas sem provocar, de nenhum modo, em ninguém, nem o espanto, nem o ridículo, quando essas ideias destoassem das ideias chamadas normais entre as pessoas. O aluno poderia se exteriorizar como ele é, o professor aceitá-lo como ele é, ajudá-lo como ele é, para que ele possa produzir melhor na vida dele. ***Nós estamos atravessando uma época em que toda imposição espiritual significa violência, e o Espírito humano recusa a violência. (...) precisamos de senso de humanidade no trato uns com os outros.*** *Se não respeitamos as ideias do aluno, ele não nos respeita. De modo que precisamos estabelecer esta linha de definição.*

Vinte e um

Um pouco de si mesmo, com a humildade que lhe caracterizou a personalidade, é o que encontramos nas respostas abaixo.

Na entrevista a Vera Arantes Campos, responsável pela seção *Transinha*, do jornal *Jornal da Manhã*, de Uberaba, em 17 de agosto de 1972, Chico fala de si mesmo, também com grandes lições.

E não poderia ser diferente. A vida exemplar do médium é uma lição para todos nós. Ler sua biografia, suas histórias, os testemunhos e depoimentos de quem com ele conviveu ou teve simples contato nos mostra um ser espiritualizado, sempre voltado a auxiliar, com a consciência plena do dever e o sentimento isento de malícia ou pré-julgamentos. Com alta noção do espírito de serviço, Chico foi um fiel servidor do amor.

Amor e ódio

(questão 76)

– *(...) são transitórios todos os desequilíbrios da individualidade, considerando-se a individualidade na sua condição de Espírito imperecível. O amor, porém, é a base da vida e o mundo se recuperará pelo amor que Deus nos concedeu como a essência de tudo o que existe.*

Decepção

(questão 80)

– *O que mais me decepciona é sempre a persistência de meus erros, através do tempo e da vida.*

Vida

(questão 81)

– *A vida é um dom de Deus que nos cabe aperfeiçoar cada vez mais, valorizando-o pela utilidade que possamos ter em favor dos outros e pela aquisição de conhecimentos ou recursos dignos que nos façam cada vez mais úteis.*

Teimoso e pacato

(questão 82)

– *Tenho muita vontade de ser teimoso no serviço de minha própria autoeducação, mas admito que sou muito pacato na conservação de meus defeitos.*

Seria feliz

(questão 84)

– *Ficaria* tão *feliz se pudesse dizer que já realizei algo de bom, no entanto, isso não acontece. Mas estou contente, porque a bondade de Deus ainda me concede a felicidade de trabalhar.*

Sugestão

(questão 90)

– *Creio que a melhor sugestão para o êxito em questões de relacionamento humano é aquela de Jesus quando nos recomenda: "Amai-vos uns aos outros como eu vos amei". Entre esposo e esposa, além desse pedido inesquecível do Senhor, creio que seria excelente nunca se esquecerem de que, em se desposando um ou outro, não recebiam um Anjo, e sim uma criatura humana em aperfeiçoamento. Isso ajudaria a se amarem reciprocamente, com mais respeito mútuo, aprendendo, da escola da vida, a tolerância e a compreensão, que os fariam adquirir o amor sublime, que persiste na Terra e além da morte.*

Vinte e dois

O LIVRO *A TERRA E O SEMEADOR* É ESTA RIQUEZA que o leitor está verificando nas transcrições parciais que orientaram a elaboração da presente obra. Imagine as provações coletivas no país e no mundo e mesmo, especificamente, a violência no trânsito (considere-se que as respostas são de 1973), e novamente vamos encontrar o bom senso em suas respostas.

Na entrevista coletiva à imprensa, em 26 de maio de 1973, num intervalo de tarde de autógrafos, no Guarujá (SP), transcrita do jornal *A Tribuna*, de Santos (SP), Chico abordou a velha questão do trânsito no país, com sabedoria nas comparações.

VIOLÊNCIA E TRÂNSITO

(questão 94)

- Como o plano espiritual encara essa onda de violência que varre o mundo?

- É a ausência do Cristianismo puro. Acho que a imprensa deveria cooperar com as autoridades, no caso específico dos acidentes de trânsito. ***Os sinais de trânsito devem ser respeitados religiosamente.*** *Não é religiosamente no sentido de corretamente; para lá disso. Interpretar o respeito à vida alheia, porque, se respeitarmos os sinais de trânsito, evidentemente que todos esses problemas de desastres sofrerão uma redução muito grande. (...) é um dever o respeito aos*

limites de velocidade e a cooperação com as autoridades, em favor da comunidade.

Retrato do Brasil

(questão 95)

– Admitimos que a civilização cristã do Brasil está destinada a representar um papel dos mais importantes no futuro da Humanidade. ***Isso, porém, depende dos brasileiros que, naturalmente, necessitam preservar o sentido religioso da civilização que recebemos das nossas formações evangélicas.*** *Cremos que deveríamos respeitar todos os templos onde o nome e o ensinamento de Jesus estivessem acatados, porque nossa tradição histórica está subordinada à concretização dos postulados evangélicos que Jesus nos trouxe. No Espiritismo, estamos dentro de explicações mais amplas. Nós somos obrigados a reconhecer que a formação cristã do Brasil nos garante um futuro maravilhoso de bênçãos, mas dependendo do homem, porque o homem é o colaborador de Deus. Deus é o criador, mas o homem é o cocriador.*

Vinte e três

Apoio aos evangelizadores, no aspecto físico, no conteúdo da programação, no estímulo que deve ser trazido e trabalhado, o tema felizmente tem merecido atenção do movimento espírita, com cursos específicos de formação e reciclagem.

Não é difícil elencar as razões, que são óbvias. A criança orientada, que recebeu em seu coração as sementes do amor, do Evangelho, tende a ser um adulto seguro, equilibrado, apesar da bagagem trazida.

Na *Revista Espírita* – publicação fundada por Kardec em 1858 –, com o artigo *A Infância*, destacado por Kardec no subtítulo *Dissertação de Além-Túmulo*, de comunicação espontânea lida na Sociedade Parisiense de Estudos Espíritas, no dia 14 de janeiro de 1859, o leitor encontrará, em apenas três páginas, farto material para reflexão sobre a importância da fase infantil no processo de evolução do Espírito e, por consequência, da responsabilidade dos adultos – pais e educadores –, frente a complexo tema. Recomendamos ao leitor inteirar-se do texto citado.

E Chico não se furtou a responder sobre o assunto.

Destacamos parcialmente as importantes respostas da entrevista transcrita do jornal *O Triângulo Espírita*, de Uberaba (MG), de 31 de dezembro de 1972.

Apoio aos Evangelizadores

(questão 99)

– Qual a tarefa do dirigente espírita junto aos evangelizadores?

*– Cremos que **o dirigente da Instituição Espírita, a nosso ver, deveria prestigiar ao máximo o trabalho dos evangelizadores**, porque eles*

funcionam, dentro da Organização Espírita-Cristã, como legítimos educadores dos pequeninos que, amanhã, tomarão o nosso lugar, em todos os setores da experiência terrestre.

Esse trabalho é grande e sublime demais para ser subestimado, por isso mesmo nós admitimos que o assunto não pode escapar do apoio dos dirigentes espíritas que, naturalmente, se estão devidamente conscientizados de suas tarefas, hão de apoiar os professores como sendo companheiros dos mais estimáveis na seara espírita evangélica.

Programa de estudos

(questão 101)

– Temos ouvido o Espírito Emmanuel há muitos anos, com respeito a esses assuntos, e ele (...) considera que seria interessante haver reuniões deles (os educadores), selecionando os temas espíritas, dentro da atualização de nossos processos atuais de vivência, para que a criança possa se desenvolver, para a vida adulta, com o conhecimento possível das estradas e experiências que a esperam no dia de amanhã.

Nós sempre nos desvelamos em nossas casas, no ensino da bondade, do perdão, das atitudes evangélicas em si, mas ***precisávamos descobrir um meio de comunicar à criança algum ensinamento em torno da Lei de Causa e Efeito,*** *mostrando determinados tópicos dos mais expressivos para o mundo infantil, com respeito à reencarnação, o problema da imortalidade da alma.*

Muitas vezes, encontramos crianças traumatizadas pela perda de irmãos pequeninos, pela perda dos pais, pela perda de amigos, de parentes próximos, e nos esquecemos de que ***os pequeninos também esperam uma palavra de consolo e de esclarecimento, qual acontece com os adultos,*** *diante dos processos de desencarnação.*

(...) Precisávamos estudar quais os meios de começar a oferecer à criança bases para que ela se conheça no mundo em que está vivendo e naquele mundo social em que ela vai viver.

Mas é assunto dos professores, porque os Espíritos Amigos dizem sempre que, aqueles que se reencarnam na Terra para determinadas tarefas (...) se eles receberam estes encargos é porque eles os merecem, e está na órbita das responsabilidades deles.

Os professores espíritas reencarnados têm essa responsabilidade, esse encargo a cumprir, selecionar os assuntos para fortalecer e amparar a criança diante do futuro.

Programação das aulas infantis

(questão 102)

– (...) Aos 10 anos, dos 10 aos 12, temos um mundo de informações para dar à criança, e isso a nosso ver é muito necessário, porque a criança está encontrando, hoje, um mundo muito diferente daquele que os adultos de agora encontraram há 40, 50, 30

anos. Há muitos pequeninos que são chamados aos 8, 9, 10 e 11 anos de idade a facear problemas que só adultos conheciam há 10 anos (...)

O ENSINO E A REALIDADE

(questão 103)

– (...) como criatura humana que sou, creio que até os 6 anos, nessa faixa, uma árvore, uma borboleta, uma fonte, uma andorinha conversar, ajuda muito a criança.

Agora, depois dos 6, 7 anos, é interessante que a criança entre num mundo de realidades objetivas, para que ela não acuse o adulto de mentiroso. Mas não devemos levar tão longe essa ideia de que estejamos mentindo.

A criança, nos primeiros tempos de vida, tem necessidade de história tocada de amor, tocada de ternura, de beleza, espiritualidade. E o apólogo em que os animais comparecem conversando entre si, dando lições, este apólogo é sempre um agente muito proveitoso no esclarecimento da mente.

Vinte e quatro

O CONHECIDO BOLETIM INFORMATIVO SEI – RIO DE Janeiro (RJ) – publicou, com o título *Reencarnação, Família e Sexo*, em 27 de julho de 1974, entrevista em resumo do conteúdo do *Programa Flávio Cavalcanti*, na antiga TV Tupi, de São Paulo, de valiosos apontamentos.

Entre as perguntas do entrevistador, destaca-se a pergunta 112, na sequência do livro *A Terra e o Semeador*, que transcrevemos parcialmente, entre outras também apresentadas aos leitores.

O *Programa Flávio Cavalcanti* tinha enorme audiência na década de 70. Personalidades conhecidas do cenário nacional eram convidadas pelo polêmico condutor do programa.

E Chico igualmente compareceu para responder a uma entrevista. Desde uma mensagem aos presidiários à brincadeira do copo e morte de criança, as variadas respostas às perguntas trazem o amor nas palavras do conhecido médium. Selecionamos quatro delas:

Mensagem aos que sofrem

(questão 112)

– (...) Chegou-nos, igualmente, a notícia de que, em quase uma dezena de detenções, os aparelhos de TV se encontram ligados nesse instante, e os detentos pedindo uma palavra de carinho e de amor.

– (...) peço permissão aos nossos irmãos presidiários e aos caros amigos telespectadores para contar um pequeno episódio ocorrido meses atrás: conheci, em Uberaba, uma criança de seis anos que, costumeiramente, acompanhava a própria mãezinha à cidade de Igarapava e a cidades outras de nossa

vizinhança, a procura de trabalho. Esse menino, que se locomovia com muita dificuldade, chamava-se Pedro. Demorou-se, perto de nós, cerca de dois meses, frequentando a beneficência da Comunhão Espírita Cristã. Certa vez, perguntei-lhe: "Pedro, o que é que você quer ser quando for homem feito?" Ele respondeu: "Tio Chico, quando crescer, eu quero ajudar Deus a pintar as flores."

Aquilo me enterneceu muito e eu disse: "Então, você vai ser um grande artista". No dia seguinte ao nosso diálogo, um veículo em disparada atropelou o menino. Fui vê-lo no colo materno, entre a expectativa da morte que se aproximava e o enternecimento que o garoto me suscitava ao coração, e perguntei-lhe: "Pedro, o que é que você quer agora? O papagaio de papel ou o carro de brincar que você gosta tanto?"

Ele me disse: "Tio Chico, eu quero... eu quero ajudar Deus...". Meu Deus, se todos nós andássemos no trânsito respeitando os sinais; se amássemos mais profundamente os nossos semelhantes ao guiar nossas máquinas... Refiro-me a esse episódio porque todas as crianças são nossos filhos, em todos os níveis sociais. ***Os Espíritos Benfeitores explicam sempre que as crianças são as esperanças de Deus,*** *que vieram até nós ajudando a Deus, colorindo, por isto mesmo, a nossa vida de felicidade e paz.*

Com referência ao assunto, rogo licença para lembrar, aos amigos que nos emprestam atenção e bondade, que nós todos também, certas vezes, desrespeitamos os sinais vermelhos da lei e, consequen-

temente, entramos em grandes dificuldades, embora ninguém atropele ninguém por querer.

(...)

Jesus, quando nos recomendou entregar os nossos julgamentos aos juízes, para que não venhamos a julgar erradamente uns aos outros, compreendia, decerto, que, geralmente, temos, digo isso de mim – determinado grau de periculosidade e que, em virtude disso, precisamos da misericórdia de todos.

Todos estamos presos a circunstâncias, a provações, problemas e lutas.

Quem de nós não está encerrado em alguma estreiteza, dentro dos nossos próprios sonhos e ideais na própria vida humana? (...)

Os planos espirituais

(questão 115)

– *O nosso Emmanuel costuma dizer sempre que podemos observar isto* (o entrevistador referiu-se, na pergunta, à distinção dos planos espirituais) *nos próprios grupamentos sociais da Terra. Conquanto convivamos uns com os outros, cada qual de nós pertence à determinada faixa cultural, sentimental, racial, e, através dessas faixas, vamos efetuando a nossa autoeducação. Isso existe naturalmente no Mundo Maior, dizem os nossos amigos, como existe aqui também.*

Brincadeira com o copo

(questão 117)

– Os Benfeitores Espirituais nos dizem que devemos sempre separar mediunidade de Doutrina Espírita, porque esta última veio-nos para disciplinar os fenômenos. Assim, através do copinho, ser-nos-á possível entrar em contato com os Espíritos Amigos, mas, por vezes, ainda não educados ou não sublimados, isto é, com criaturas desencarnadas muito próximas da nossa faixa de vibração, de modo que, sem a Doutrina Espírita, qualquer fenomenologia, inclusive a do copo, é capaz de suscitar dissabores, pelas experiências.

– Então, não se deve brincar?

– É interessante não brincar.

Morte de um filho ainda criança

(questão 120)

– (...) Uma senhora perdeu um filho há um ano e, durante esse ano inteiro, essa senhora tem chorado, tem penado dores incríveis, numa inconformação absoluta por essa perda. Ela, muito aflita, pede-me que lhe pergunte se essas lágrimas, se toda essa dor, esse sofrimento podem prejudicar, de algum modo, o seu filho.

– Em outros casos semelhantes, temos recebido o esclarecimento de que essa dor, essa dor estranha na alma inconformada daqueles que ficam, prejudica

muito e, às vezes, de maneira intensa, aos corações amados que nos precedem na vida espiritual. Seria tão bom que essa mãe generosa pudesse entregar o filhinho a Deus, de quem ela recebeu esse mesmo filho, a fim de protegê-lo e orientá-lo neste mundo. E estamos certos de que ela, procurando reencontrá-lo entre tantas outras crianças que aí estão necessitadas, rapazes mesmo, que precisam de benfeitores paternais e maternais, essa abençoada mãezinha, estará extinguindo a dor dela no caminho desse filho que deve, naturalmente, afligir-se. (...)

Vinte e cinco

Assuntos graves como suicídio também foram abordados na obra *A Terra e o Semeador*, entre outras dificuldades humanas, inclusive na área das deficiências físicas, encontramos respostas do saudoso Chico.

Nas respostas, que o leitor encontra abaixo, temos também a velha questão sobre a não aceitação de transfusão de sangue por conceitos religiosos.

No capítulo *Encontro com Marilyn Monroe*, que transcreve entrevista do jornal *O Diário*, de Ribeirão Preto (SP), edição de 9 de outubro de 1974, em matéria intitulada *Chico fala de suicidas, Marilyn Monroe e Testemunhas de Jeová*, uma vez mais a sabedoria nas respostas variadas.

Suicídio, casos de cegueira, câncer, mudez e paralisia nas crianças

(questões 130 e 131)

– O suicídio está ligado ao senso de responsabilidade. Nosso Emmanuel sempre explica que nós somos culpados por aquilo que conhecemos como uma atitude imprópria para nós. (...)

Então, o suicídio para nós, os cristãos, é algo de ingratidão para com os poderes supremos que regem os nossos destinos. O suicídio, para aqueles que conhecem a importância da vida, impõe um complexo culposo muito grande nas consciências.

(...)

Mas o problema está dentro de nós e, na hora de voltar à Terra, pedimos para assumir as dificuldades inerentes às nossas próprias culpas. Assim,

1 – Se a bala atravessou o centro da fala, naturalmente vamos retornar ao corpo físico em condições de mudez;

2 – Se atravessa o centro da visão, vamos renascer com processo de cegueira;

3 – Se nos precipitamos de alturas e aniquilamos o equilíbrio das nossas estruturas espirituais, vamos voltar com determinadas moléstias que afetam o nosso equilíbrio;

4 – Quando nos envenenamos, quando envenenamos as nossas vísceras, somos candidatos, quando voltarmos à Terra, ao câncer nos primeiros dias da infância (...);

5 – Pelo enforcamento, nós trazemos determinados problemas de coluna e caímos logo nos processos de paraplegia. Somos crianças ligadas, parafusadas ao leito durante determinado tempo, em luta de autocorrigenda, de autopunição, de reestruturação de peças de nosso corpo espiritual.

Testemunhas de Jeová e a transfusão de sangue

(questão 132)

– (...) De minha parte, desde que o doente esteja sob a minha responsabilidade, estarei com a medicina porque creio que a medicina está em nosso benefício. (...) Mas os nossos irmãos que estão crendo nas observações de Moisés devem ser respeitados, pois nós respeitamos muito esses amigos e as interpretações que eles possam ter (...)

Ecumenismo

(questão 133)

– (...) Precisamos de muita dedicação em nossos grupos religiosos para que nos respeitemos reciprocamente em torno de pontos básicos, quais sejam: amor a Deus, amor ao próximo, caridade da alma, caridade por dever e manutenção da paz através do trabalho, na base da disciplina (...).

Vinte e seis

As respostas aqui selecionadas não são específicas sobre o coma, mas trazem subsídios importantes na compreensão desse e de outros temas sempre presentes na vida humana. Observemos atentamente os temas e as respostas do querido médium.

Sempre temos, em suas respostas, um caminho indicativo. Seu alto senso moral nos leva a enxergar os fatos e circunstâncias sob outro ângulo e nos ajuda a ampliar a compreensão de velhas questões sempre presentes no cotidiano.

Não é por acaso que ele também foi chamado de a maior antena psíquica de nosso tempo. Sua grande capacidade pessoal de raciocínio – por ser um Espírito maduro, experiente e bondoso – somada à conexão limpa e repleta de fidelidade ao bem, dava-lhe condições dessas respostas oportunas e sábias. Destaque-se que nos abrem o raciocínio para novos desdobramentos.

De entrevista concedida à Sra. Guiomar Albanesi, no Centro Espírita Perseverança, em São Paulo (SP), em outubro de 1974.

Coma e lucidez

(questão 135)

– (...) No caso da lucidez no estado comatoso, segundo os Amigos Espirituais nos inspiram a fim de

que a nossa palavra possa ser ouvida, isso varia muito de acordo com as criaturas, segundo os graus de espiritualidade superior ou de mergulho da mente nas impressões da vida material. (...) Nos processos de desencarnação violenta, é natural que se entenda a lucidez por estado mental muito difícil de reter-se; o cérebro entra em choque violento, a destrambelhar, portanto, nas mais íntimas estruturas. Em vista disso, os Amigos Espirituais afirmam que, na desencarnação de improviso, somos habitualmente acometidos por um sono profundo, do qual despertamos entre aqueles que nos dedicam assistência e afeição na vida espiritual.

Causas dos suicídios

(questão 136)

– O suicídio é consequência de fatores psicológicos em desagregação ou de influências espirituais em evolução?

– Todos sabemos: cada Espírito é senhor do seu próprio mundo individual. Quando perpetramos a deserção voluntária dos nossos deveres, diante das leis que nos governam, decerto que imprimimos determinadas deformidades no corpo espiritual. Essas deformidades resultam das causas cármicas estabelecidas por nós mesmos, pelas quais sempre recebemos de volta os efeitos das próprias ações. Cometido o suicídio, nessa ou naquela circunstância, geramos lesões e problemas psicológicos na própria alma, dificuldades essas que seremos chamados a debelar na próxima

existência, ou nas próximas existências, segundo as possibilidades ao nosso alcance. (...)

Tentação
(em complemento ao texto anterior)

(questão 136)

– (...) Sabemos que a tentação em si, na verdadeira acepção da palavra, nasce dentro de nós. Por isso mesmo, poderíamos ilustrar semelhante argumento lembrando um prato de milho e um brilhante de alto preço: levado o brilhante de alto preço à percepção de um cavalo, por exemplo, é certo que o equino não demonstraria a menor reação; mas em apresentando a ele o prato de milho, fatalmente que ele reagirá, desejando absorver a merenda que lhe está sendo apresentada. Noutro ponto de vista, um homem não se interessaria por um prato de milho, no entanto se interessaria compreensivelmente pelo brilhante. Justo lembrar que a tentação nasce dentro de nós. (...)

Produção e fome

(questão 137)

– Pode-se esperar uma grande fome para os próximos anos?

– (...) não podemos guardar qualquer impressão negativa, quanto ao problema, porque o trabalho é sempre um prodígio da natureza humana e, através desse recurso mágico a que chamamos traba-

lho, descobriremos, cada vez mais, novas técnicas de produção, novos melhoramentos, e sabemos que nos achamos muito longe ainda de explorar todos os recursos do Planeta, em favor da nossa própria alimentação. (...) recordemos que, se todos nos dedicarmos no Brasil a plantar mais um pouco, e a trabalhar um tanto mais, além de nossos próprios deveres, indubitavelmente conseguiremos prover-nos com todos os recursos de que temos necessidade ainda, em nosso relacionamento comum.

TEMPO E CONSEQUÊNCIA DA OBSESSÃO

(questão 143)

– (...) O obsessor tem sobre nós a influência do tamanho da nossa capacidade de atraí-lo para o nosso campo de ação. (...)

Humildade e grandeza moral

Referências bibliográficas:

Valiosos Ensinamentos com Chico Xavier
Chico Xavier Lembranças de Grandes Lições
Autor: Cezar Carneiro de Souza

Vinte e sete

O LIVRO DE CEZAR CARNEIRO DE SOUZA, *VALIOSOS Ensinamentos com Chico Xavier* - como indica o próprio título - reúne valiosos ensinamentos com Chico Xavier. Foi publicado em 2008, e, ocupamo-nos do conteúdo da obra citada, selecionando, ao leitor, os principais destaques do autor.

Também enriquecido com ilustrações catalogadas em índice próprio, a obra possui noventa e quatro capítulos, todos compactos e repletos de ensinos, em descrições que encantam pela singularidade com que o autor premia o leitor.

Prefaciado em 2 de abril de 2008 (recorde-se que Chico nasceu no dia 2 de abril), o autor destaca no texto introdutório, denominado *O porquê dessas lembranças*: "Ao fazer mais estas anotações da vida cristã de Francisco Cândido Xavier (...)". É interessante e verdadeiro ver alguém referir-se ao médium citando sua vida como uma *vida cristã*, expressão verdadeira, cujo legado fala por si.

Afinal, declara o autor na mesma página, como bem conhecido da maioria de nós brasileiros, espíritas ou não: "(...) Presenciei, desde os meados do ano de 1963, na Comunhão Espírita Cristã, Chico Xavier atender centenas de pessoas, psicografar, por mais de três horas seguidas, missivas de jovens do Além, trazendo conforto e esclarecimento aos corações sofridos de suas mãezinhas (...)". Cita ainda: "(...) o venerável Espírito Emmanuel, tutor do trabalho mediúnico do médium, e outros instrutores da Vida Maior redigiam expressivas mensagens sobre a importância da Humanidade buscar o Evangelho de Jesus, como único meio na conquista da paz (...)".

Como é atual essa afirmação do autor!

Quanta necessidade temos ainda de buscar essa fonte inesgotável de bênçãos, que é o Evangelho, e que ainda não conseguimos assimilar devidamente. Permanecemos, ainda, debatendo-nos em aflições que poderiam nem existir, por força das imperfeições morais que ainda trazemos conosco.

Todavia, a vida cristã do médium está repleta de orientações e ensinos. Por isso também reunimos, na presente obra, os destaques principais da bela obra elaborada pelo Cezar. Afinal, são mesmo valiosos os ensinos de Chico.

Vinte e oito

O VALIOSO LIVRO *TRINTA ANOS COM CHICO XAVIER*, de Clovis Tavares, também buscado e citado no presente trabalho, foi igualmente citado por Cezar no primeiro capítulo de seu livro *Valiosos Ensinamentos com Chico Xavier*, aqui utilizado. O autor refere-se ao episódio das tentativas de Clovis em publicar um livro reunindo experiências do médium que, consultado a respeito, respondeu-lhe:

– Para que, meu bom amigo, falar acerca de um graveto que se confunde com o pó?

Na insistência da consulta, outra resposta humilde:

– Clovis, se você conseguisse encontrar algo de bom no meu caminho, isso seria unicamente a mensagem dos nossos Benfeitores Espirituais.

Como se sabe, Clovis publicou o livro, que é uma pérola doutrinária das experiências vividas junto ao médium, mas citou na introdução, conforme relembra Cezar:

A ressalva de sua humildade inseparável permaneceu, contudo: – Desde que se trate de uma seleção de fatos, de um depoimento em favor de nossa Doutrina.

E Cezar conclui seu capítulo com esta indicativa notável: "Os verdadeiros missionários, desprovidos do doentio personalismo, ensinam-nos o equilíbrio e a prudência em escrever biografias."

É uma das lições aprendidas com Chico, não há dúvidas.

Gesto solidário

No capítulo 5, Cezar relata a experiência de um confrade que mostra ao Chico um Livro de Ouro, que visava arrecadar recursos para construção da sede de um Centro Espírita. De posse do livro, o médium retira do bolso uma quantia em dinheiro e entrega ao amigo à sua frente, dizendo:

– Olha, todo o dinheiro que tenho é este. Leva. É para ajudar na construção do Centro.

(...)

– Ah, meu amigo! Emmanuel está mandando que eu lhe entregue todo o dinheiro que tenho em meus bolsos. E eu atendo a ele com muita alegria!

Além do gesto solidário, a humildade presente na ação é impressionante. Quantos de nós teríamos essa atitude?

Orientação segura

Reproduzindo, depois, no capítulo 6, a resposta do médium a um homem que lhe indagou como desenvolver a mediunidade, como faria para atender ao próprio desejo nesse sentido, o médium respondeu:

– Meu filho, você quer desenvolver a mediunidade? Faça caridade! É isso que é desenvolvimento da mediunidade – praticar a caridade.

Cisco com "c" minúsculo

No capítulo 9, o autor relembra o conhecido caso do cisco, em que Chico refere-se a si mesmo. É que o autor, relatando o episódio sobre o início das *Cartas de Paulo* – citadas no livro *Paulo e Estêvão* –, na humildade de Paulo valorizando o trabalho de equipe, comenta: *Os verdadeiros profetas são assim mesmo: jamais se julgam missionários.* Isso para citar a conhecida citação de Chico:

– Eu sou nada. Francisco é de mais. Cisco tá bom.

(...)

– Sou um cisco com "c" minúsculo.

As respostas do médium mostram sua grandeza moral, especialmente na humildade, conhecida marca de sua existência.

E das respostas selecionadas, uma delas é muito oportuna para os questionamentos tão comuns de médiuns iniciantes ou daqueles que procuram o Espiritismo tentando aprender e entender, especialmente a mediunidade. Transcrevemos novamente, em destaque, pela oportunidade da reflexão que traz a todos nós:

– Meu filho, você quer desenvolver a mediunidade? Faça caridade! É isso que é desenvolvimento da mediunidade – praticar a caridade.

Vinte e nove

A RESIGNAÇÃO É UMA GRANDE VIRTUDE. ENVOLVE aceitação ativa e produz frutos de harmonia e confiança na vida. Poderosa auxiliar do bem-estar, apesar das adversidades que se possa enfrentar. Filha da fé, lembra coragem, lembra determinação e perseverança. Isso nos leva ao item *Coragem da Fé,* no capítulo XXIV de *O Evangelho Segundo o Espiritismo.* E imediatamente nos transporta para a suavidade das bem-aventuranças.

Poucos de nós a exercitamos. Ela é uma postura cuja aquisição pede exercício, constância, humildade. Todavia, significa grande força moral.

A resignação do médium, frente às dificuldades, sempre chamou a atenção de todos que o conheceram. E Cezar, em seu livro *Valiosos Ensinamentos com Chico Xavier,* (capítulo 26) traduz o pensamento do médium sobre as próprias dores:

> *– As minhas dores, no tratamento em que me encontro, estavam no auge. Qual sempre acontece, recorri à prece e, em seguida, abri a Bíblia que estava ao meu lado. Caíram sob os meus olhos e sobre o meu raciocínio as palavras do mensageiro: "Deus manda açoitar os filhos aos quais Ele quer bem". Compreendi que, pelas minhas dívidas imensas, eu seja açoitado.*

Esquecendo as dores e seguindo adiante seu compromisso, especialmente com o livro, o episódio de sua produção mediúnica – nas informações de Emmanuel – foi bem lembrado por Cezar, no capítulo 27:

> *– Após os primeiros contatos com Emmanuel, cientifiquei-me sobre o compromisso meu com ele na formação dos livros espíritas. Seriam uns vinte, afirmou-me.*
>
> *Quando esse número foi atingido, orei agradecendo a Jesus e a Emmanuel pela dádiva do trabalho. Pedi perdão pela minha insuficiência. Emmanuel se fez visível para mim, dizendo: "Olha, Chico, está bom, nós conseguimos, agora vamos chegar até os trinta." Apesar da surpresa, empreendemos o trabalho.*

Ao completar os trinta exemplares, muito feliz novamente, achando que a tarefa terminara, Emmanuel apareceu e disse: "Estou satisfeito com a sua colaboração."

O Senhor acha, então, que o compromisso está concluído?

"Ainda não", respondeu. "Necessário se faz que atinjamos os quarenta ou, se possível, até os sessenta, vamos ver se consegue?"

Assustei-me, mas o que fazer?

E não é que, apesar dos meus parcos recursos, os Benfeitores Espirituais conseguiram atingir a marca de sessenta livros, pela minha insignificante mediunidade?

Fiquei feliz por colaborar com os Bons Espíritos. Orei novamente, agradeci ao Cristo. Pedi perdão pelas minhas falhas e falei a Emmanuel:

– Graças a Deus, finalmente, concluí o meu compromisso, não é? Agora estou livre e sem compromisso. O que o senhor me diz?

E ele, muito sério, olhou-me e, austero, respondeu:

"Chico, acontece que teve uma reunião, lá em cima, sobre o seu compromisso com a Doutrina Espírita e o Evangelho de Jesus. Lá ficou deliberado o seguinte: você foi declarado como terra de utilidade pública."

Como assim, o que significa isso? Perguntei.

"Que agora não manda mais em você. Daqui pra frente, fará o que nós quisermos. Residirá onde determinarmos. Aproximará e conviverá com você quem permitirmos. Entendeu?"

E se eu não quiser? Perguntei-lhe.

"Meu filho, a sua própria vida está sob determinações Altíssimas. Você é quem sabe." - concluiu severamente o guia espiritual.

O jeito foi entregar-me de corpo e alma à nossa abençoada Doutrina. A partir daquele dia, coloquei minha vida nas mãos de Nosso Senhor Jesus Cristo.

Nada a acrescentar sobre tão luminosa passagem, considerando a riqueza literária trazida pelas mãos do venerando médium.

Trinta

Como entender e viver a presença de Jesus e dos Espíritos Benfeitores em nosso meio?

Sabe-se da presença marcante, da bondade, da grandeza de Jesus junto à Humanidade. Da mesma forma, há uma multidão de Espíritos Amigos, trabalhadores do bem, que se empenham diretamente na orientação e no amparo aos Espíritos encarnados. Chico convivia com eles, via-os, recebia suas orientações e as retransmitia.

Especialmente Emmanuel, o conhecido Benfeitor

que assumiu as responsabilidades da produção mediúnica do médium, sempre foi presença atuante e benfazeja para todos os que se aproximavam de Chico. Mesmo por meio dos livros que ditou ao médium, publicados ao longo das décadas, esse amoroso Espírito muito produziu em favor da Humanidade.

Mas há muitos outros, anônimos ou conhecidos, sempre trabalhando em favor da paz e da assistência aos seres humanos reencarnados.

Jesus contagiou o coração de pessoas que passaram a trabalhar em seu nome, estejam elas encarnadas ou desencarnadas. Esse contágio não ficou restrito ao tempo em que esteve entre nós, mas se espalhou pelos séculos vindouros. Em todos os tempos, esses trabalhadores do bem se esmeram no trabalho de amor junto aos homens.

Cezar, em seu *Valiosos Ensinamentos com Chico Xavier,* às páginas 86 e 87, seleciona preciosa advertência do médium. Intitulado *Jesus junto ao povo*, o capítulo 35 inicia com fala de Chico, que assim explicava:

> – *Nosso Senhor Jesus Cristo sempre se reunia junto ao povo em plena natureza. Prestava assistência moral e espiritual. Realizava curas a sofredores de toda espécie. Multiplicava pães e peixes, incumbindo os discípulos da distribuição à multidão faminta. E foi ali, naquele ambiente natural, que deixou para a Humanidade a mais bela peça contida no seu Evangelho de Amor e Sabedoria: O Sermão da Montanha.*

E continuava:

– É preciso reunir, em nome de Jesus, com esses irmãos, pois ninguém se lembra deles. Lá na cidade, todo mundo se reúne, até os espíritas. Mas com esse povo, não. Esquecem da importância de procurá-lo.

O capítulo está ilustrado com duas fotos das chamadas Peregrinações, que Chico fazia na Vila dos Pássaros.

Por outro lado, no capítulo 37, Chico refere-se aos Espíritos, ao conversar com uma mãe que acabara de receber uma mensagem do filho desencarnado. Assim selecionou o autor em seu livro:

– Os Espíritos descem até nós revestidos de material extraído de nosso meio ambiente. Com o esgotamento de tal "matéria fluídica", eles se cansam e retornam a um ambiente mais sutil, nas Colônias Espirituais. A nossa psicosfera é bem grosseira para eles, asfixiante mesmo.

E concluiu:

– Um dos elementos usados e manipulados pelos Espíritos para se manterem entre nós, os encarnados, é extraído do perfume da flor. O corpo dinâmico, por exemplo, da roseira, vai até onde termina o perfume. Entenderam?

E o autor, para completar o entendimento da questão, recorda a questão 36 de *O Livro dos Espíritos*, que recomendamos aos leitores pesquisarem.

O fato principal é que há uma grande solidariedade a ligar todos os seres. Na verdade, todos detemos o dever de nos auxiliar mutuamente.

Quando atingimos aquela zona de consciência cristã, o processo é inevitável, porque percebemos o quanto o amor é importante na relação de felicidade e harmonia entre os filhos de Deus.

E Chico foi grande instrumento nesse processo, pela própria conduta adotada.

Trinta e um

DOIS TEMAS ADMIRÁVEIS NO LIVRO *VALIOSOS ENSI-namentos com Chico Xavier.*

MATERNIDADE

A maternidade, proporcionando a vinda dos Espíritos para os aprendizados de uma nova existência, constitui postura de abnegação e amor, trazendo vastas experiências aos Espíritos, seja pelos laços emocionais, seja pela renúncia ou pela importância da formação moral e influência materna na educação do filho. O assunto traz a questão das mães solteiras - um tabu à época - e sempre nosso Chico conclamando à fraternidade.

Mas não é só. Chico faz interessante citação das mães com a formação e funcionamento de um centro espírita. O leitor vai ler abaixo.

O autor também selecionou citações de Chico sobre as mães. Está no capítulo 41. São as seguintes:

– Deus envia esses anjos para que a Terra, com certeza, um dia, conquiste a tão almejada paz.

Sobre uma moça solteira e grávida, sofrendo recriminação dos pais, ele afirmou:

– Eu não posso compreender tanta discriminação e falta de amor por parte das pessoas. Eu acho que, nesses casos, essas mães que honram a maternidade sem terem o apoio dos companheiros, que na grande maioria "dão no pé", e, muitas vezes, os próprios familiares não as amparam, são, para mim, mães admiráveis.

E voltou a falar:

– Eu admiro tanto essas mães, que, se todas elas quisessem, poderiam registrar seus filhos em meu nome, como sendo o pai de todos eles. Eu os receberia com imenso amor...

Grupos Espíritas

Embora o capítulo seguinte, o de número 42, refira-se ao tema – *Da Formação de Grupos Espíritas*, Chico, nos oferece oportuno exemplo, expressando-se como abaixo, no capítulo em referência:

– Um Centro Espírita deve ser bem simples, onde uma mãe, chamada solteira, entre e não fique constrangida, um doente com intestino solto suje o piso e não se envergonhe. É difícil para um pobre en-

trar numa casa muito rica. O espírita pode ser rico, não tem importância, mas o Centro não!...

Trinta e dois

Capítulo 91, do livro *Valiosos Ensinamentos com Chico Xavier*, de Cezar. Notem os leitores que nossa seleção aqui, para a obra, em cada livro pesquisado ou garimpado, é compacta. São dez obras pesquisadas, para retirar os pontos mais marcantes. Ideal mesmo é que o leitor igualmente busque, pesquise, tamanha a riqueza em notícias, reportagens, fotos, entrevistas e ensinos da sabedoria de um Espírito que soube incorporar à personalidade os predicados de uma alma cristã, fazendo de sua vida um legado de exemplos, dentre os quais se incluem a humildade, o desapego, o amor ao próximo.

No capítulo em questão, intitulado *Doação Generosa*, a situação citada pelo autor é de uma religiosa ativa e respeitada, com reconhecida liderança católica, que entrou na fila de atendimento do Chico. A solicitação era para a finalização da construção de uma igreja, e faltava o dinheiro do piso. Ela foi pedir ajuda.

> "(...) O Chico, de maneira respeitosa, espontaneamente se colocou como um servo da distinta freira, dizendo:
>
> *– Eu sei da grande responsabilidade da senhora. Sei também da ajuda que vocês prestam a uma multidão de fiéis. Eu tenho o maior prazer em colaborar*

com a construção da igreja. A nossa casa espírita não tem recursos disponíveis para ajudar porque o trabalho assistencial absorve todo o dinheiro da nossa entidade (...)

– Madre, leve a colaboração. É de minha parte e é o que eu tenho. E digo para a senhora: o que faço é com muito amor. (...)"

E o autor, surpreso com a ocorrência, como registrou no livro, lembrou-se de ocorrência anterior, quando Chico lhe disse:

– Quando se constrói uma igreja, é uma cadeia que se fecha!

A visão de amplitude do médium é impressionante. Seu exemplo de desprendimento, respeito aos ideais alheios e o grande senso ético recheado de generosidade, além da própria humildade em pessoa, falam bem do estágio moral já alcançado por essa alma grandiosa que todos tivemos o privilégio de ser contemporâneos.

Cada situação, cada afirmação, cada ocorrência, estão sempre marcadas por atitudes de bondade e amor espontâneo, sem exigência, sem explicações dispensáveis.

É a vida de ensinos de um autêntico homem de bem.

A propósito, não posso deixar de recomendar ao leitor a busca pelo capítulo XVII de *O Evangelho Segundo o Espiritismo*, exatamente no subtítulo *O Homem de Bem*. Os qualificativos ou virtudes apresentados pelo Codificador, no precioso texto, correspondem exatamente à postura incomparável de Chico Xavier, em sua vida moral.

Parece-nos muito oportuna uma releitura no texto indicado, face à perfeita conexão dos itens elencados com o exemplo de vida do médium, tão bem conhecido pela sociedade brasileira.

Trinta e três

Em Jales, no interior paulista, o *Centro Espírita Chico Xavier*, fundado por Pedro Bonilha e esposa, homenageia, desde 1992, o estimado Chico com uma festa de aniversário no mês de abril. Como conhecido, Chico nasceu em 2 de abril de 1910.

O legado de Chico para a Humanidade, seu exemplo de vida humilde e de amor ao próximo, sua renúncia e dedicação ao bem, sua inestimável produção psicográfica pela mediunidade, entre tantos outros fatos marcantes da passagem do nobre Espírito pelo Planeta, fizeram da data de seu nascimento um marco de justas homenagens.

Várias cidades instituíram a *Semana Chico Xavier*, outras comemoram especificamente a data, livros são lançados nessa época, e mesmo eventos – ainda que em outros meses – homenageiam o grande seareiro. Exemplo disso é o tradicional evento realizado anualmente em Guaxupé (MG), o *Encontro Chico Xavier*.

Mas não é só. Peças teatrais e filmes já foram

produzidos, entre outras comemorações, para homenagear o ilustre brasileiro de Pedro Leopoldo (MG), já que sua vida exemplar justifica tudo isso.

Mas voltemos à iniciativa de Jales, no interior paulista, como acima descrito no primeiro parágrafo.

Descreve o autor Cezar em *Valiosos Ensinamentos com Chico Xavier*, no capítulo 93, no segundo parágrafo: "Na noite de 29 de março de 2008, após cinco cartas mediúnicas para familiares, encerrando as atividades, tivemos a gratíssima surpresa do Patrono da Casa Espírita: Francisco Cândido Xavier."

A psicografia é de Celso Afonso, conforme registra o livro:

> *Aos meus amigos...*
>
> *Companheiros, filhos do meu coração!*
>
> *Mais uma vez sou agraciado com esta feliz oportunidade de vivenciar junto a vocês este momento de paz, de alegria cristã, pois repartimos o desejo de oferecer algo de nós ao outro.*
>
> *Agradeço a lembrança de aniversário, que me presenteia com o carinho, que me envolve de tal forma, despertando-me o desejo de realizar mais do que aquilo que até hoje fui capaz. Que a misericórdia de Nosso Senhor Jesus Cristo me ajude a ser grato aos valiosos presentes a mim entregues em forma de lembranças.*
>
> *Gostaria, sim, de ter, à minha disposição, outra*

veste física que me permitisse o exercício da mediunidade, para oferecer o alívio e a paz a esses corações saudosos.

Estimo que uma reunião festiva como esta possa devolver, aos aflitos, a calma e a confiança na Providência Divina, devolvendo aos saudosos a certeza de que junto deles permanecem seus bem-amados.

Aqui estou na condição de quem busca os corações amigos para que nos liguemos ao mais Alto, buscando oportunidades outras na vinha do Senhor.

Agradeço-lhes uma vez mais a recepção amiga que me é oferecida, na condição de sementes que me são entregues para o plantio, como modesto agricultor que sou.

Que Deus abençoe aqueles que, por determinado tempo, usaram do que podia eu oferecer-lhes, fazendo de minha mediunidade uma ponte, certificando que somos uns pelos outros, mas sempre em trabalho constante.

Aprendendo e instruindo, disponibilizaremos os recursos para compreendermos e sermos compreendidos.

As obras dos amigos da Vida Maior nasceram e cresceram conosco, e agradeço-lhes a paciência, o incentivo e o amparo que deles recebi.

Aprendi a valorizar as rosas da misericórdia que me chegavam e me esforcei para não revidar as ofensas que, às vezes, a mim foram endereçadas, em forma de benefícios, por me ensinarem o valor da mansuetude.

Reconheço a alegria dos amigos de Pedro Leopoldo e de tantos que se dispuseram a se dirigir à porta do meu coração, conhecedores de que ali não encontrariam santidade, que não possuía, mas a necessidade dos incentivos e das lições, que todos somos capazes de oferecer ao outro.

Pedro Leopoldo, Uberaba, Jales, enfim, nesta terra do cruzeiro, encontrei as bênçãos que me sustentaram a proposta do trabalho. Meu carinho a todos, e não deixem de lembrar de mim, permitindo-me o trabalho, a alegria e tantas outras experiências junto a todos vocês.

Jesus nos abençoe!

Trinta e quatro

NO ÚLTIMO CAPÍTULO DO LIVRO *VALIOSOS ENSINAmentos com Chico Xavier*, o de número 94, e que antecede uma Galeria de Fotos – Cezar Carneiro foi muito feliz na seleção de afirmações do médium. Extraídas de várias outras obras, as frases valem como orientação ou mesmo confissões do médium e, principalmente, sabedoria, que estão além das próprias frases.

Pelo valor da notável seleção, pensamos que seja de muita utilidade reproduzi-las aqui integralmente, como está na obra *Valiosos Ensinamentos com Chico Xavier*. Acompanhe conosco, leitor:

I

Estou na condição da terra, e, sem dúvida, que ele (Emmanuel) é para mim o incansável semeador (em *A Terra e o Semeador*, prefácio, edição IDE Editora).

II

Dediquei a vida inteira aos Bons Espíritos e peço a eles que me ajudem a cometer a cota menor possível de erros, porque não tenho mesmo recursos (*Entrevistas*, questão 27, IDE Editora).

III

A mediunidade nunca impediu o desempenho de minhas obrigações (*No Mundo de Chico Xavier*, cap. 6, IDE Editora).

IV

– Diga um exemplo de algo que o faça sofrer. – Ofender ou prejudicar alguém (*Anuário Espírita*, de 1967, pág. 91, IDE Editora).

V

Emmanuel sempre me ensina que um médium é parte de uma equipe (*No Mundo de Chico Xavier*, cap. 2, IDE Editora).

VI

Aceito o mundo e os homens como eles são, e continuo eu mesmo (*Anuário Espírita*, de 1974, pág. 226, IDE Editora).

VII

O que mais me decepciona é sempre a persistência de meus erros, através do tempo e da vida (*A Terra e o Semeador*, questão 80, IDE Editora).

VIII

Quanto mais os Bons Espíritos escrevem por nosso intermédio, fazendo luz, mais reconheço a extensão de minha ignorância pessoal (*Anuário Espírita, de* 1967, pág. 90, IDE Editora).

IX

Estou infinitamente distante de alcançar mínimo grau de perfeição. Sou um animal em serviço e peço a Deus que me conserve nas disciplinas desse mesmo serviço, para não complicar os meus condutores, aos quais devo, de algum modo, retribuir as atenções que recebo (*A Terra e o Semeador*, questão 89, IDE Editora).

X

Minha mãe, de que me recordo haver perdido a presença física desde os cinco anos de idade, cultivava a oração com assiduidade e nos educou no espírito da prece (*Entrevistas*, questão 69, IDE Editora).

XI

O Espiritismo e a mediunidade trouxeram-me amigos tão queridos, que me dispensam tanto carinho, que eu me considero muito mais feliz com estes tesouros do coração, como se tivesse milhões à minha disposição (*Entrevistas*, questão 8, IDE Editora).

Note o leitor que cada uma das frases permite estudos, debates e reflexões de alto alcance para compreensão das leis que regem a vida e seus inúmeros desdobramentos no campo individual, bem como dos relacionamentos, das responsabilidades, das perspectivas e do comportamento. São lições para serem meditadas e apreendidas. E, claro, levadas adiante para ajudar mais pessoas a compreenderem a razão de nossas lutas e deveres. Ideal é que consigamos incorporar ao comportamento as lições morais contidas nessas leis.

Trinta e cinco

O MESMO CEZAR CARNEIRO DE SOUZA escreveu outra obra: *Chico Xavier – Lembranças de Grandes Lições*. Nos próximos capítulos, utilizaremos essa citada obra, considerando que as duas obras são do mesmo autor.

Da mesma forma que a primeira obra, a segunda também contém instruções, igualmente catalogadas em índice próprio.

Lição de honradez

Cezar destaca o primoroso texto incluído como *Prefácio* do *Parnaso de Além-Túmulo*, primeira obra do médium e que o destacou nos meios literários do país, à época.

Com o título *Palavras Minhas*, Cezar transcreve pequeno trecho em sua obra, capítulo 4, intitulado *Um Exemplo de Simplicidade Cristã*, no qual, já no primeiro parágrafo, considera, com exatidão e justiça, a exemplar lição de honradez que nos oferece o médium, ao escrever:

> – *Filho de um lar muito pobre, órfão de mãe aos cinco anos, tenho experimentado toda a classe de aborrecimentos na vida e não venho ao campo da publicidade para fazer um nome, porque a dor há muito já me convenceu da inutilidade das bagatelas que são ainda tão estimadas neste mundo.*

Fazemos nossas as palavras de Cezar, ao recomendar aos leitores que leiam o referido Prefácio na íntegra, face às lições de sabedoria e humildade ali constantes.

Na divulgação da Doutrina Espírita

No capítulo 5, com o mesmo título negritado acima, Cezar cita o episódio do *Pinga-Fogo*, em que Chico resistiu à segunda aparição na TV, após o sucesso do primeiro programa. Nos embates de opinião, Chico considerou:

– Não, a divulgação deve ser feita em gotas homeopáticas, se eu for lá, quem vai aparecer é Chico Xavier, e eu não estou neste mundo para isso não.

Frase de sabedoria

Notem, os leitores, a profundidade da frase abaixo. Embora bem compacta e reduzida, de mínima extensão, a frase é resultado de situação desagradável, inclusive com agressão física por um repórter, a quem o médium, com serenidade, dirigiu a frase que exaltamos: (capítulo 6)

– A vitória da força, meu filho, é fictícia.

Considere os desdobramentos que a frase permite em debates, estudos, depoimentos...

Chuva miúda que aduba a terra

No capítulo 28 da obra de Cezar, um ensino que se destina aos expositores espíritas. Acompanhemos:

– É preciso surgir alguém que ajude a formar explicadores das lições, que falem com simplicidade e bom conhecimento da Doutrina Espírita. Esses comentaristas são muito úteis, e o povo precisa muito das orientações de nossa Doutrina, que revive as lições do Evangelho de Jesus. Os bons oradores clássicos já vêm feitos, e esses outros são como a chuva

miúda que fertiliza a terra. É preciso surgir meios de formá-los.

Trinta e seis

O exemplo a seguir é notável. Denota mesmo uma alma que aprendeu o desprendimento, que já consegue manter-se acima de conjunturas humanas, nem sempre úteis.

O capítulo é o número 30 do livro *Chico Xavier – Lembranças de Grandes Lições.*

O autor confessa ter escrito um livro sobre Chico levando-o ao médium para que o lesse. Nem precisou dizer nada, pois o próprio médium, sério e com voz grave, afirmou:

> *– Ah! Você quer que eu leia o que você escreveu sobre Chico Xavier, não é?*
>
> *(...)*
>
> *– É... Não vou ler não, porque senão eu vou tirar tudo o que você escreveu a meu respeito dizendo que eu sou bom.*
>
> *(...)*
>
> *– Eu vou dizer pra vocês: Eu não leio nada que escrevem sobre Chico Xavier.*

Pondera Cezar que o médium passou a atender outra pessoa. E o autor conclui, no penúltimo parágrafo, no final do capítulo: "É, o servo do Senhor veio mesmo para o nosso mundo para representar o Divino Amigo da Humanidade, que é Nosso Senhor Jesus Cristo. O Chico impessoalizava-se diante de tão grande missão."

QUEDA

Indagado sobre possível medo de cair, Chico respondeu, e Cezar destacou em seu livro, no capítulo 33:

> *– Não, eu não tenho medo de cair, porque eu nunca me levantei, portanto, eu não corro perigo do tombo, porque sempre estive caído, lá embaixo, no chão.*

LIÇÃO PRECIOSA

Lição preciosa está no capítulo 48, intitulado *Reuniões Espíritas*. Contudo, coerente e oportuna orientação:

> *– Tanto serviço a ser feito, podem-se revezar os companheiros. O povo está necessitado, precisa desabafar as suas dores, seus problemas. Precisa de alguém com paciência, para ouvir-lhe as queixas, mesmo que sejam longas. Organizar leitura de livros espíritas, mas sem a ideia de ensinar como professores, nada de pregações morais, serão encontros de muita fraternidade. Nas nossas reuniões, deve predominar o espírito de verdadeira família, onde todos podem opinar, mas sem polêmicas.*

CAMPANHAS FRATERNAS

Encerramos a seleção de Cezar com o parecer de Chico sobre as campanhas fraternas de auxílio a quem precisa. Está no último capítulo, de número 66:

> *– Olha, gente, na minha opinião, é dever nosso promovermos atividades assistenciais. As campanhas têm dupla finalidade: ajudam, e muito, àqueles que lutam com a vida difícil e sem recursos. Mas não é só isso; também vamos encontrar muitas criaturas que querem colaborar e não encontram meios para tal, não conseguem, e com os pedidos da campanha encontrarão oportunidade de auxiliar.*

E completa depois:

> *– Se eu tivesse tempo, realizaria a campanha da sobra. Aos domingos, logo após a hora do almoço, sairíamos pedindo, de casa em casa, a sobra da comida e a distribuiríamos, em seguida, às pessoas sem recursos. Vocês não acham que é muita comida jogada fora? Eu, particularmente, acho.*

"– Meu filho, você quer desenvolver a mediunidade? Faça caridade! É isso que é desenvolvimento da mediunidade – praticar a caridade."

Mediunidade

Referência bibliográfica:

No Mundo de Chico Xavier
Organizador: Elias Barbosa

Trinta e sete

A APRESENTAÇÃO DO LIVRO *NO MUNDO DE CHICO Xavier*, organizado pelo Dr. Elias Barbosa, traz o título *Por quê?*

É que seu organizador responde a possíveis argumentações questionadoras sobre as razões de um livro nos quarenta anos consecutivos de mediunidade, se ele já era um instrumento dos Espíritos para quase uma centena de livros, à época.

Elias Barbosa responde com uma série de contraperguntas, face à importância de lúcidas respostas do médium, em uma série de entrevistas, sempre assistido por Emmanuel, em diversos meios de comunicação, tais como, jornais, rádios e programas de TV. O livro faz parte de uma série de cinco, que destacam essas entrevistas.

Na apresentação da obra, pondera o organizador: "(...) Como terá vivido, nesses quatro decênios de trabalho ininterrupto? Que terá sentido, visto, ouvido? Que experiências acumulou? (...)".

As perguntas se multiplicam, e destacamos:

> "Não somos daqueles que encontram nos médiuns pessoas diferentes da Humanidade, portadores de milagres e carismas, e conquanto tivermos em Chico Xavier um excelente amigo, sabemo-lo alma humana, com as qualidades felizes ou menos felizes que nos caracterizam a todos, os filhos da Terra.

Mas justamente por aceitá-lo assim, qual se mostra na simplicidade e sinceridade de suas próprias declarações, é que voltamos ao nosso inquérito. Por que outras criaturas, com as mesmas características de Humanidade, entre as lutas e as vicissitudes inerentes à nossa vida planetária, não fazem o mesmo, recolhendo-se à mediunidade para servir e auxiliar os irmãos do caminho?"

O organizador prossegue nas contraperguntas, e o livro, com 18 capítulos, igualmente realça os exemplos de uma grande vida, alicerçada na sabedoria e na experiência de um Espírito vivido e já consciente de sua condição e da tarefa a que se comprometeu.

O primeiro capítulo da obra, destacando a psicografia no período de 1927 a 1931, traz uma recordação considerada pelo médium como inesquecível.

No capítulo 1, a indagação e a resposta:

> – *Recorda, de modo particular, alguma produção que ficasse inesquecível em sua memória?*
>
> – *Sim, recordo-me de um soneto intitulado* Nossa Senhora da Amargura, *que, se não me engano quanto à data, foi publicado pelo* Almanaque de Lembranças, *de Lisboa, na sua edição de 1931. Eu estava em oração, certa noite, quando se aproximou de mim o Espírito de uma jovem, irradiando intensa luz. Pediu papel e lápis e escreveu o soneto a que me referi. Chorou tanto ao escrevê-lo que eu também comecei a chorar de emoção, sem saber, naqueles momentos, se meus olhos eram os dela ou se os olhos*

dela eram os meus. Mais tarde, soube, por nosso caro Emmanuel, que se tratava de Auta de Souza, a admirável poetisa do Rio Grande do Norte, desencarnada em 1900. (...)

Trinta e oito

O capítulo 2, da obra de Elias Barbosa, *No Mundo de Chico Xavier*, reúne 47 respostas às perguntas formuladas pelo organizador. O objetivo foi exatamente comemorar os quatro decênios de atividade mediúnica.

Na questão 25, há bonita citação de Chico sobre uma professora de infância que estimava ouvir o menino falar sobre o que sentia, dedicando-lhe grande atenção. Eis a resposta do médium:

> – *Chamava-se, na Terra, Dona Rosária Laranjeira, pois desencarnou em Belo Horizonte, creio que por volta de 1956. Ela era católica de profunda compreensão cristã e, embora não pudesse ou não soubesse dar-me esclarecimentos espíritas, quando me achava perto dela só via e ouvia Espíritos amigos e nobres, com abençoados ensinamentos e consolações para mim.*

Já nas questões 35 a 37, o médium respondeu sobre mistificação, assunto que assombra muitos lidadores da mediunidade. Suas respostas são de grande utilidade para nossa reflexão. Acompanhemos:

– Durante esse tempo, foi você vítima de mistificação alguma vez?

– Muitas

– E até hoje isso acontece, ou pode acontecer?

– Sim

– Por que sucede isso a você, que já psicografou quase cem livros?

– Decerto que o Mundo Espiritual permite que eu passe por essas provações para mostrar-me que receber livros dos Instrutores Espirituais não me cria privilégio algum, que estou apenas cumprindo um dever e que sou um médium tão falível quanto qualquer outro, com necessidade constante de oração e trabalho, boa vontade e vigilância.

Na resposta à questão 40, sempre a humildade de um Espírito nobre:

– Ignorará você a popularidade que os livros mediúnicos lhe trouxeram?

– Sei que eles me trouxeram muita responsabilidade. Quanto ao caso da popularidade, sei que cada amigo faz de nós um retrato para uso próprio e cada inimigo faz outro. Mas diante do Mundo Espiritual não somos aquilo que os outros imaginam, e sim o que somos verdadeiramente. Desse modo, sei que sou um Espírito imperfeito e muito endividado, com necessidade constante de aprender, trabalhar, dominar-me e burilar-me perante as leis de Deus.

Por sua vez, na resposta à questão 44 (que se refere a alguém que se retira da tarefa a que estamos vinculados), transcrevemos trecho parcial a partir da 6ª linha da resposta, face à oportunidade da abordagem:

> *(...) Acrescenta ainda, o nosso Instrutor Espiritual, que temos comunhão mais íntima uns com os outros, onde e tanto quanto o Senhor no-lo permite e que, se o Senhor nos coloca num lugar de trabalho, isso não é razão para que outros sejam situados indefinidamente junto de nós, e que o Senhor tanto pode afastar-nos para outros setores de serviço, como apartar de nós aqueles que nos servem de apoio e estímulo, até que, pelos desígnios dele mesmo, nosso Divino Mestre, venhamos a nos reunir todos, de novo, em nível mais alto da vida. Desse modo, aprendi com Emmanuel e outros Bons Espíritos que o Senhor nos mantém onde possam haver melhores oportunidades de trabalhos e aperfeiçoamento para nós. Cada um de nós, dessa maneira, segundo creio, está no lugar e na posição em que possa ser mais útil à obra de Deus e a si mesmo. (...)*

Tais respostas constituem roteiro de segurança, especialmente na mediunidade. Campo de difícil travessia, a mediunidade exige perseverança, fidelidade aos princípios morais, desejo do bem, sintonia com os altos propósitos da vida e, claro, disciplina, como bem exemplificado por Chico Xavier.

Pois a mediunidade é um compromisso também voltado à educação daqueles que pretendam ingressar na tarefa mediúnica, para a qual há necessidade de estudar, refletir e esforçar-se moralmente.

E, claro, isso não se refere apenas aos médiuns. Todos temos imensa necessidade de melhorarmos moralmente.

A Doutrina Espírita é pródiga em orientações, em fecundidade intelecto-moral, requisitando de seus adeptos a adesão a seus princípios, na vivência de seus ensinos.

Como o fez de maneira magistral Francisco Cândido Xavier.

Trinta e nove

O CAPÍTULO 3 DE *NO MUNDO DE CHICO XAVIER* traz valiosas observações e relatos sobre a experiência de Chico com críticos literários de sua época, especialmente considerando o rumoroso episódio Humberto de Campos.

Será de muita utilidade ao leitor buscar, na obra de que nos ocupamos (*No Mundo de Chico Xavier*), o capítulo 3, com o título *Chico Xavier - No Mundo dos Escritores*. Mutilaremos muito o texto se tentarmos transcrever trechos parciais. Entretanto, nem por isso deixamos de trazer, do citado capítulo, uma importante consideração do médium sobre os testes que o exercício mediúnico provoca em todo aquele que se vê chamado à tarefa. O capítulo em referência apresenta um teste vivido pelo médium.

Para que o leitor possa avaliar a extensão do tema,

transcrevemos uma das respostas do médium, de extraordinária importância para todos os lidadores da mediunidade:

> – *Nosso Benfeitor Espiritual ponderou, como sempre, que todo médium tem seus testes como todo aluno tem exames na escola, e que eu não poderia escapar. Ainda hoje, devo sofrer para aprender, como me dizia ele em 1933, e creio sinceramente que ainda nada sofri para compensar as alegrias que ele, Emmanuel, na Doutrina Espírita, me tem dado.*

E como reunimos aqui referências a escritores, o capítulo 4 traz o título *Literatos que voltaram*. Chico se refere a escritores e poetas que haviam prometido retornar para escreverem por suas mãos após a desencarnação. O médium citou dois casos, nominando-os: Maria Lacerda de Moura e Romeu do Amaral Camargo, conforme consta desse capítulo. Sobre este último cita importante advertência deixada ao médium:

> – *Afirmou-me que prosseguia trabalhando ativamente em organizações espíritas-cristãs do Plano Superior, e que nós, os espíritas, carregamos enormes responsabilidades nos ombros, porque recebemos o conhecimento libertador de que as leis de Deus funcionam na consciência de cada um. Acrescentou que somos tão beneficiados, no plano físico, pelos princípios espíritas evangélicos e, por isso mesmo,* tão agraciados *pela Misericórdia de Deus que, até a época em que conversava comigo, pela primeira vez, não havia visto, dentre os companheiros* já *desencarnados com*

os quais convivia, um só que não se queixasse de condições deficitárias para com a Doutrina Espírita. Tão grandes eram as bênçãos recolhidas, que todos admitiam terem saído da experiência física reconhecendo-se endividados para com o Espiritismo Cristão, pelo qual, segundo a opinião deles mesmos, deviam ter trabalhado mais.

A advertência do Espírito, transmitida na resposta do médium, constitui precioso roteiro de ação para todos nós que laboramos no ideal espírita.

Quarenta

AINDA COM A INTENÇÃO DE MARCAR OS QUARENTA anos de mediunidade psicográfica, o organizador da obra *No Mundo de Chico Xavier* – reunindo entrevistas – preparou inúmeras perguntas, das quais várias delas transcrevemos aqui, ainda que parcialmente, face à importância de tais apreciações.

É que a peculiaridade da mediunidade de Chico aliada ao próprio comportamento comprometido do médium aos propósitos do Evangelho fizeram-no legítimo representante do pensamento cristão no próprio comportamento.

Seus exemplos, sua conduta, seu desprendimento, sua lealdade e sinceridade, e mesmo a fé ardente atrelada ao trabalho, capacitaram-no para todos os méritos de alguém que soube conduzir-se de maneira cristã, de alguém que se apresentou prontamente à convocação do bem, de alguém que incorporou em si mesmo o legítimo pensamento cristão.

E isso não foi só em palavras. Suas ações o fizeram respeitado e demonstraram essa adesão aos princípios que abraçou.

Muitos apenas o veem na psicografia, mas seu trabalho não esteve restrito à recepção de mensagens do Além. Ele atendeu pessoas, visitou os necessitados de todas as ordens, usou a prece como recurso indispensável para vencer as próprias dificuldades e em favor de terceiros. Vamos, porém, às perguntas e suas respostas.

A primeira delas indaga o que seria o desenvolvimento da mediunidade. Apreciemos a resposta que se torna roteiro para muitos médiuns iniciantes, e mesmo para os mais veteranos, pois que sempre estamos aprendendo.

Eis a resposta à questão 1:

> *– Do ponto de vista técnico, não sei responder. Pela prática da vida, creio, porém, que desenvolvimento mediúnico é o aumento da intimidade do médium com as entidades espirituais ou a penetração gradativa da pessoa humana na esfera de atividades da alma, habitualmente invisível para os olhos comuns.*

Na questão 6, a resposta – igualmente valorosa em sua essência – refere-se ao trabalho de desobsessão, mais especificamente se seria aprovado pelo instrutor Emmanuel.

Observemos a resposta:

– Sim, ele afirma que tenho necessidade disso, ensinando-me que o meu concurso em reunião de desobsessão é, para mim, o melhor meio de harmonizar-me com irmãos recentemente desencarnados que não simpatizam comigo e de obter a tolerância daqueles Espíritos a quem ofendi em minhas existências passadas e que naturalmente me observam ou seguem do Mundo Espiritual, na posição de adversários aparentemente gratuitos.

Sobre a tarefa do livro, é de grande ensino a sua resposta. Está na questão 10:

– Sei que a tarefa do livro mediúnico pertence, sobretudo, a ele, com outros mentores da Vida Maior, mas guardo a convicção de que Emmanuel, com muita caridade e paciência, tenta adaptar-me para a colaboração com ele, desde 1931 até agora, assim como um viajante muito educado procura domar um animal freado e irrequieto, a fim de realizar uma longa excursão.

Para as questões 11 a 14 não é possível fazer transcrições parciais. Os ensinos são muito valiosos para todos nós:

Referindo-se a Emmanuel, pergunta o organizador da obra:

11 – Acha que ele tem sido para você o amparo que o professor representa, em si, para o aluno?

– Muito mais que isso. Ele tem sido para mim um verdadeiro pai na Vida Espiritual, pelo carinho

com que me tolera as falhas, e pela bondade com que repete as lições que devo aprender.

12 – Admite que ele ensinou a você matérias de que não tinha conhecimento, antes da vinda dele até você?

– Sim. Em trinta e seis anos de convívio estreito, quase diário, ele me traçou programas e horários de estudo, nos quais, a princípio, incluiu até datilografia e gramática, procurando desenvolver os meus singelos conhecimentos de curso primário, em Pedro Leopoldo, o único que fiz até agora, no terreno da instrução oficial.

13 – Poderíamos dizer que você é um autodidata?

– Penso que não, porque diariamente recebo lições de Emmanuel e, às vezes, de outros Espíritos Amigos. Em trinta e seis anos de escola disciplinada com eles, creio que eu deveria mostrar o proveito, de que me vejo muito longe.

14 – Conseguiria você dizer em que matéria Emmanuel é mais exigente com você, na qualidade de educador?

– No trato com os outros, porque diz ele que, no trato com o próximo, a luz do Evangelho de Jesus deve ser comunicada de quem fala para quem ouve. Quando converso com qualquer pessoa em voz áspera, com impaciência, com agressividade, com anotações de maledicência ou com azedume, ele deixa passar os meus momentos infelizes e, depois, principalmente

quando entro em meditações e preces da noite, ele me repreende severamente, lamentando as minhas faltas.

E ainda sobre Emmanuel, as questões 16 a 18 trazem ensinos que não temos como deixar de transcrever ao leitor, na presente obra.

Observemos juntos:

16 – Qual o método que Emmanuel tem seguido em seu desenvolvimento mediúnico?

– Estudo e trabalho, com disciplina e dever cumprido.

17 – Em matéria de estudo, quais os livros que ele adota com você?

– Emmanuel me deixa livre para escolher os livros que eu deseje e dedica muito apreço a todas as obras que analisam seriamente a mediunidade, mas, desde 1931, aconselha-me a estudar constantemente o Novo Testamento e a Codificação de Allan Kardec. Desde esse tempo, não passei um dia sequer sem ler algum trecho ou página dos Evangelhos e dos livros de Allan Kardec, principalmente, o O Evangelho Segundo o Espiritismo *e* O Livro dos Espíritos, *pelo menos quinze a vinte minutos diariamente.*

18 – Emmanuel já fez para você alguma referência especial sobre Allan Kardec?

– Lembro-me de que, num dos primeiros contatos comigo, ele me preveniu que pretendia trabalhar ao meu lado, por tempo longo, mas que eu deveria, acima de tudo, procurar os ensinamentos de Jesus e

as lições de Allan Kardec, e disse mais que, se um dia, ele, Emmanuel, algo me aconselhasse que não estivesse de acordo com as palavras de Jesus e Kardec, que eu devia permanecer com Jesus e Kardec, procurando esquecê-lo.

São lições e lições, legado de uma grande vida!

Quarenta e um

Conversar com Chico sempre foi garantia de suavidade, de estímulo para superação de lágrimas de sofrimento e dúvidas. Ele envolvia cada visitante que o procurava com sua doçura, com sua sabedoria. Compreendia as dificuldades humanas e movimentava seu amor, pelas forças fluídicas, para acalmar, tranquilizar, motivar o coração sofrido daqueles que o procuravam pelas perdas.

Isso ocorreu com mães cujos filhos partiram cedo, de volta para o Mundo dos Espíritos; com filhos cujas mães e pais os deixaram, com cônjuges separados pela morte inesperada. Ocorreu também com médiuns desorientados, pessoas depressivas e chorosas por perdas e incompreensões diversas.

Muitos o buscaram em Pedro Leopoldo e Uberaba, em filas imensas que se formavam com o enorme desejo de tocá-lo, cumprimentá-lo, falar com ele, pedir orientações e notícias de desencarnados.

Os atendimentos e psicografias se estendiam pela

madrugada, no atendimento a aflitos de toda ordem, de figuras curiosas e também respeitáveis, de repórteres, escritores, outros médiuns e agentes do movimento espírita, e mesmo de outros movimentos culturais e religiosos, do cenário artístico e mesmo político. Todos o buscavam, queriam ter sua orientação, sabidamente sempre saudável.

Ocorreram também visitas de pessoas com perturbações variadas, médiuns sem controle da própria faculdade. A todos, Chico envolvia com sua bondade, auxiliando-os.

Quantos não foram os casos de pessoas que nunca tiveram contato com Chico antes, e ele as chamava pelo nome, surpreendendo-as pela sua capacidade enorme de percepção, e mesmo sobre as dificuldades que traziam, quando antecipava informações.

Esse era Chico Xavier, cuja sensibilidade alcançava a intimidade das pessoas para ajudá-las.

Note agora a preciosidade dos temas e respostas que selecionamos aos leitores.

Os capítulos 6 e 7 do livro *No Mundo de Chico Xavier* trazem dados não comuns ao leitor. O primeiro deles fala em números, num levantamento curioso sobre a vida do médium.

Fazendo um balanço mediúnico de quarenta anos de serviço, o organizador apresenta essa marcante informação:

"(...) um montante de setenta e três mil horas de trabalho doutrinário, de 8 de julho de 1927 a 8 de julho de

1967. Esse tempo equivale a oito anos, doze dias e dez horas de tempo integral, contados dia e noite sem pausa. (...)"

Apresentado esse número ao médium, ele responde com sua habitual humildade:

> – *Não. Nunca fiz essa conta e creio que qualquer pessoa tem milhares e milhares de horas em seus trabalhos na vida.*

Indagado, porém, como se via espiritualmente após quatro décadas, o médium respondeu:

> – *Bem, quanto mais o nosso caro Emmanuel faz luz no caminho de minha vida, chamando-me ao exato desempenho de meus deveres, mais reconheço as minhas deficiências. Em vista disso, creio que não exagero e nem procuro falsa modéstia, quando digo que sou um animal em serviço... Uma besta, por exemplo, carregando livros e documentos...*

Depois, no capítulo 7, outras importantes lições são trazidas a público por meio de suas respostas.

Indagado, por exemplo, se reconhecia-se como pessoa inteligente, ele respondeu:

> – *Não. Nunca me senti assim. Basta lembrar que fui aluno repetente do quarto ano primário (...)*

Sobre facilidade em falar ou escrever, respondeu:

> – *Sim, não posso esquecer que, debaixo da disciplina de Emmanuel, que, por misericórdia de Jesus,*

dispensa-me atenções constantes de um professor (...), estou numa escola constante, desde 1931, portanto, há trinta e seis anos consecutivos.

Importantes respostas:

a) Sobre obras de assistência social

– (...) Emmanuel, Dr. Bezerra de Menezes, Batuíra, André Luiz e outros instrutores da Espiritualidade nos dizem sempre que o Espiritismo sem trabalho de auxílio aos semelhantes, com base em nossa própria reforma íntima, deixa de ser o Cristianismo redivivo que é e deve ser, para ficar isolado em teorias e afirmações estanques.

b) Sobre estudos

– (...) concomitantemente com a assistência social, os Benfeitores da Vida Maior nos recomendam estudar atenciosamente e sempre, porque sem estudo não saberemos raciocinar e sem racionar com segurança não saberemos discernir. Emmanuel reafirma sempre que devemos estudar e servir, em qualquer idade ou situação.

c) Sobre sincretismo religioso

– Nosso Amigo Espiritual nos aconselha a respeitar crenças, preconceitos, pontos de vista e normas de quaisquer criaturas que não pensem como nós, mas adverte-nos que temos deveres intransferíveis para

com a Doutrina Espírita e que precisamos guardar-lhe a limpidez e a simplicidade com dedicação sem intransigência e zelo sem fanatismo. Emmanuel costuma dizer-me sempre que se nós, os espíritas evangélicos, estivermos atentos ao volume enorme das obrigações que carregamos, seja no aprimoramento de nós mesmos, no devotamento ao trabalho que nos é próprio, seja na família ou no grupo social a que pertencemos; no estudo constante; na execução de nossos deveres para com o próximo e no desempenho das funções espíritas nas instituições que frequentamos e que nos beneficiam, não encontraremos tempo nem disposição para comentar as atividades de outros agrupamentos religiosos. (...)

d) Sobre a obra de Kardec

– *(...) Os Espíritos Amigos nos dizem que nos compete a obrigação de defender os ensinamentos de Allan Kardec, sobretudo, na vivência dessas benditas lições, através de nossas próprias vidas (...). (...) não seria justo, de nossa parte, repelir os irmãos que desejem estudar Allan Kardec conosco, tão só porque não demonstrem, de imediato, uma visão tão ampla da Missão Kardequiana, como seria de desejar.*

e) Sobre doenças e obsessões

– *(...) adverte-nos que doenças e obsessões são testes que nos põem à prova a capacidade de resistência moral, ensinando-nos a valorizar a saúde do corpo e o equilíbrio da alma.*

Quarenta e dois

O CAPÍTULO 7 DO LIVRO *NO MUNDO DE CHICO Xavier*, de Elias, traz um caso tão especial. Por esse motivo, transcrevemos depoimento do médium, ainda que parcialmente, face à importância da resposta a um assunto específico, e, depois, um autêntico depoimento na pergunta seguinte. Acompanhemos.

A pergunta de que nos ocupamos em primeiro lugar indaga sobre a melhor profilaxia contra as obsessões. Respondeu o médium:

> *– Nossos Benfeitores Espirituais são unânimes em declarar que o estudo das obras de Allan Kardec, para que venhamos a adquirir o conhecimento e a educação de nós mesmos, é o passo inicial indispensável, porque precisamos sanar as obsessões que nos flagelem, sem herdar qualquer cativeiro à superstição e ao medo negativo, de que vemos muitos irmãos prejudicados, quando conseguem a suspirada melhoria psíquica em outros setores religiosos. Explicada a necessidade de Allan Kardec para o afastamento do processo obsessivo, temos, na profilaxia respectiva, a oração e o serviço ao próximo na base de toda ação restaurativa. Quem quiser estudar, orar, cumprir com os próprios deveres e trabalhar em auxílio dos outros, principalmente daqueles que atravessam dificuldades e provações maiores que as nossas, alcança libertação e tranquilidade, com toda certeza, porque os nossos*

adversários desencarnados são sensíveis às nossas palavras, mas só se transformam para o bem com apoio em nossas próprias ações.

Após a esclarecedora resposta, trazemos a que abre espaço memorável ao depoimento de Chico sobre sua experiência com Emmanuel, abordando sobre nossa melhor atitude perante as próprias doenças:

– Nosso Amigo Espiritual é de opinião que precisamos guardar calma e paciência perante quaisquer enfermidades de que sejamos acometidos, procurando, ao mesmo tempo, atenuá-las ou afastá-las por tratamento adequado. A esse respeito, narrarei um dos primeiros diálogos que tive com ele, Emmanuel, em 1931. Achava-me sob o domínio da doença complexa que trago até hoje em meu olho esquerdo, quando o nosso mentor espiritual me apareceu pela primeira vez. Depois de ouvi-lo em diversas reuniões sobre planos de trabalho que ele nos trazia, certa noite, em dezembro de 1931, roguei a ele orientação para o meu caso. Estava sofrendo muito e queria curar-me.

– Tenha serenidade – falou ele, bondosamente –, você está sob o cuidado de Benfeitores Espirituais dedicados e sob a assistência de médicos atenciosos e amigos.

– Então, devo prosseguir sob a orientação da medicina? – perguntei.

– Sim, como não? A medicina está no mundo em nome da Divina Providência.

– Quer dizer que preciso tratar-me?

– Com o máximo cuidado. O corpo é comparável à enxada e o Espírito reencarnado lembra o lavrador. Todo zelo do lavrador é necessário para conservar a enxada em condições de trabalhar com acerto e segurança.

– O Senhor quer dizer que, embora eu seja médium e veja o senhor ao meu lado, com tanta bondade e cultura, não posso esperar a intervenção do Plano Espiritual em meu benefício, para curar-me?

– Por que você receberia privilégios por ser médium? A intervenção do Plano Espiritual está operando em seu favor, sustentando as suas forças, através de magnetismo curativo, e secundando a ação dos oculistas que nos amparam. A condição de médium não exonera você da necessidade de lutar e sofrer, em seu próprio benefício, como acontece às outras criaturas que estão no Plano Físico.

– O Senhor tem dito que pretende escrever por meu intermédio e que, se Deus permitir, fará livros, mas o senhor acredita que posso desempenhar a tarefa mediúnica, assim doente dos olhos como estou?

– Sem dúvida nenhuma. Se formos esperar pela saúde perfeita a fim de trabalhar, quando aprenderemos a cumprir os nossos deveres? Se você estivesse na Terra com todas as facilidades em mãos, no estado de evolução deficitária em que ainda nos achamos, talvez as dificuldades no serviço espiritual para você fossem muito maiores.

– Então, como é que o senhor considera a doença dos olhos, em meu caso, quando tanto preciso de me esforçar para a tarefa em início?

– Observamos a sua enfermidade como sendo um abençoado apoio que o Senhor concedeu carinhosamente a você para que venhamos a caminhar com menos riscos e perigos, em sua atual romagem na Terra. Confie no Senhor, pois sua doença é arrimo que Ele enviou em seu auxílio...

Ao ouvir estas últimas palavras, indaguei alegremente:

– Então, Jesus vai curar-me?

Emmanuel me fitou com bondade e mandou que eu abrisse O Evangelho Segundo o Espiritismo, *no capítulo VI, intitulado* O Cristo Consolador, *e recomendou que eu começasse a leitura do texto. Então, comecei a ler em voz alta as palavras de Cristo: "Vinde a mim todos vós que estais aflitos e sobrecarregados, que eu vos aliviarei..." Quando atingi a palavra "aliviarei", nosso Amigo Espiritual sustou a leitura e disse-me: Compreendeu bem? Jesus não promete nos curar, isto é, retirar-nos a bênção das obrigações que nos cabem cumprir, perante as leis de Deus, mas, sim, promete aliviar-nos e auxiliar-nos. Confiemos no Mestre Divino e trabalhemos.*

(...)

Hoje, depois de transcorridos trinta e seis anos sobre este diálogo, agradeço ao Senhor a bendita doença que carrego nos olhos, sempre tratada por médicos amigos e por Amigos Espirituais, pois ela tem sido em todo esse tempo um agente providencial, induzindo-me à reflexão e ensinando-me a respeitar os sofrimentos dos outros (...)"

A lição é tão clara que seria ousadia fazer qualquer acréscimo.

Quarenta e três

Os capítulos 8 e 9 da obra *No Mundo de Chico Xavier*, de Elias Barbosa, reservam-nos, igualmente, momentos de intensa reflexão e aprendizados. Ressalto ao leitor o tema que motivou a resposta: Crises de cooperação.

No capítulo 8, na última resposta, encontramos:

Crises de cooperação

– Emmanuel ensina-me que cada um de nós tem o seu próprio tipo de felicidade. Devemos, assim, acatar os caminhos uns dos outros. Quando nos capacitamos de que é preciso respeitar os companheiros e amigos como são, no que escolhem, naquilo que fazem, com quem passam a viver e onde estão, os problemas da inquietude por causa deles desaparecem, porque, em qualquer parte e como estejam, são sempre criaturas a quem estimamos, ainda mesmo quando

a nossa convivência se faça transitoriamente difícil. Quanto ao mais, mesmo em nos referindo àqueles que se afastam de nós, descontentes conosco, em razão de pontos de vista desarmônicos, muito naturais nos que trabalham nas causas do Espírito, por que nos aborrecermos se temos a consciência tranquila? Emmanuel costuma afirmar-me que cada coração é um mundo por si e que, se o próprio Senhor respeita o livre-arbítrio de cada criatura, como agastar-nos com os amigos que se ausentam de nós, livres como todos somos perante Deus?

Já no capítulo 9, destacamos trechos curtos de afirmações em suas respostas, sem preocupação de identificar o assunto, pois que falam por si mesmos. Observemos:

a) *(...) que todos somos responsáveis pelos próprios atos e que as leis divinas funcionam na Terra ou em outros mundos, nos mecanismos da consciência de cada um (...).*

b) *(...) Qual a sua obrigação para com a sociedade? – O dever comum de servir na medida de nossas possibilidades.*

c) *(...) E para com o Espiritismo? – Corrigir meus defeitos e fazer aos outros o que desejo para mim mesmo.*

d) *Diga um exemplo de algo que o faça sofrer – Ofender ou prejudicar alguém.*

Como percebe o leitor são lições, e lições que se multiplicam.

Quarenta e quatro

Convido o leitor a pensar nas adversidades, ou, em outro extremo, nas alegrias.

As adversidades nem sempre encontram facilidade para serem superadas. São adversidades variadas, internas - dentre as quais se incluem o medo, a timidez, os traumas, as dificuldades de relacionamento em todos os sentidos, pessoais ou com terceiros - e as externas, como o desemprego, a violência urbana, a corrupção, o trânsito, e por aí vai. Nem sempre conseguimos superar. É preciso coragem e determinação nas lutas comuns.

E as alegrias? O que pensar delas? Como ocorrem? Quais as causas reais e seus desdobramentos? São variantes que merecem reflexão.

No capítulo 10, da obra *No Mundo de Chico Xavier*, a entrevista transcrita foi feita pelo Dr. Jarbas Leone Varanda, de Uberaba (MG), que, entre outras perguntas, indagou:

> *- Nesses anos todos, como você tem recebido as críticas, os ataques, os elogios e os sofrimentos de toda espécie, que sabemos ter sido uma constante em sua vida de médium?*
>
> *- Desde muito tempo, Emmanuel, o nosso caro orientador espiritual, ensinou-me que a crítica é necessária a qualquer trabalho sério, e, à vista disso, admito que todos aqueles que ainda não se afinam*

comigo estão em melhores condições para verem os meus defeitos, de vez que os nossos amigos, em nos estimulando para o cumprimento de nossas obrigações, detêm-se muito mais nos bons desejos que apresentamos, interpretando, às vezes, os nossos votos de melhoria moral, como realidades concretas, quando estamos apenas no capítulo das aspirações elevadas. Diz Emmanuel que precisamos dos amigos para acertar com os nossos deveres e dos adversários para corrigir as deficiências de que sejamos portadores. Entre uns e outros, estamos com a nossa realidade individual, porque somos o que somos, a caminho do que devemos ser, conforme os padrões de Jesus. Sofremos por nossos amigos, por não sermos a criatura ideal ou o tipo de perfeição que eles esperam de nós, e sofremos com nossos adversários, porque, nem sempre, carregamos todas as imperfeições e perversidades que eles nos atribuem. Mas os Espíritos Benfeitores asseveram que devemos todos ter paciência uns com os outros, porque, um dia, chegaremos à Vida Maior, na qual nos amaremos mutuamente, como verdadeiros irmãos perante Deus.

Em seguida, Dr. Jarbas indaga sobre o acontecimento que mais alegrou o médium na seara espírita até aqueles dias.

A resposta não se fez esperar:

– *(...) assinalo, como sendo uma das mais belas surpresas da minha vida de médium, a saída de meu corpo físico, durante algumas horas, em julho de 1943, na companhia do nosso amigo desencarnado, André Luiz, a fim de conhecer uma faixa suburbana de "Nosso Lar", a cidade que ele descreve no primeiro livro que escreveu, por meu intermédio, providência essa que Emmanuel permitiu fosse tomada para que eu não prejudicasse a psicografia de André Luiz, cujas narrações eram para mim inteiramente novas.*

Interessante pensar também no teor da pergunta 6. São curiosidades que, muitas vezes, temos desejo de saber. Dr. Jarbas fez a pergunta:

– De sua bibliografia mediúnica, quais as obras que você mais prazer teve em receber?

– Pessoalmente, dedico imensa estima ao livro Cartas de Uma Morta, *por serem palavras de minha mãe Maria João de Deus, a quem devo uma abnegação sem limites, e o livro* Paulo e Estêvão, *na psicografia do qual o nosso Emmanuel me trouxe lições e observações inesquecíveis.*

Preito de gratidão

É na resposta à pergunta 17 que encontramos intensa manifestação de gratidão do médium ao Dr. Rômulo Joviano, que lhe foi chefe na repartição do Ministério da Agricultura. A pergunta foi no sentido de citação de alguém que tenha contribuído para a perseverança na tarefa mediúnica.

– (...) Durante vinte anos sucessivos, convivi com ele, pois, em todo esse tempo, foi meu chefe na repartição do Ministério da Agricultura, em Pedro

Leopoldo. Dedicado amigo do Espírito Emmanuel, muitas vezes ouvi do próprio Emmanuel a recomendação de segui-lo nos exemplos de dever cumprido que a todos sempre nos dava. Dr. Rômulo ensinou-me que nada se consegue na vida sem disciplina e trabalho e me auxiliou a compreender que um médium deve ser fiel aos Bons Espíritos, sem vacilação. Com ele, a esposa e os filhos, tive a honra de reunir-me no culto do Evangelho no Lar, todas as noites de quartas-feiras, em Pedro Leopoldo, de 1935 a 1952. Ainda hoje (...) vive incessantemente em minha lembrança, envolvido no respeito e na gratidão que a ele consagro e consagrarei sempre.

Quarenta e cinco

Este capítulo merece especial citação sobre Wallace Leal V. Rodrigues, notável pesquisador, tradutor e escritor espírita, que laborou na Casa Editora *O Clarim*, em Matão (SP), pois que também, nas comemorações dos quarenta anos de mediunidade, a *Revista Internacional de Espiritismo* (que foi fundada por Cairbar Schutel em 1925), publicou entrevista exclusiva respondida por ele, à época redator chefe da publicação.

Wallace foi experiente redator e inspiradíssimo escritor. Nas traduções de obras estrangeiras publicadas pela citada editora, Wallace escreveu notáveis prefácios, repletos de informações muito cativantes ao leitor. Sugiro ao leitor conhecer a biografia do notável Wallace, pois sua ativa ação cultural também traduz entusiasmo com o bem, o belo, a fraternidade. E ele entrevistou Chico para a *Revista Internacional do Espiritismo*, que dirigia.

Com vinte perguntas, destacamos os principais trechos, igualmente selecionados na presente transcrição:

Sobre sua maior tristeza, respondeu:

> – *As minhas tristezas são aquelas que assinalam a existência de qualquer criatura terrestre, principalmente as separações pela desencarnação dos entes queridos e as incompreensões de que todos nós partilhamos sobre a Terra. Devo, porém, acrescentar que o amparo dos Bons Espíritos tem sido sempre tão grande em meu caminho, que a falar a verdade, nunca sofri uma tristeza que pudesse admitir fosse maior que a dos outros. Isso porque, quando chega o momento das provações que mereço, para resgate de minhas existências do passado ou para correção das minhas faltas do presente, os Amigos Espirituais me aconselham a olhar para a retaguarda, e sinto acanhamento de achar que estou sofrendo, quando vejo tantos irmãos em dificuldades muito maiores do que as minhas.*

A questão 7 indaga sobre disposição de espírito se tivesse de começar tudo de novo. Eis a resposta:

> – *Se tiver de reencarnar-me para atender a deveres mediúnicos, rogo ao Senhor para que eu possa tudo recomeçar com obstáculos iguais aos da presente reencarnação, porque, na esfera das imperfeições que ainda carrego, creio que não seja fácil ter vantagens*

na Terra e obedecer ao Mundo Espiritual, ao mesmo tempo. As lutas e conflitos que tenho experimentado provam para mim próprio que os livros mediúnicos produzidos, por meu intermédio, pertencem aos Benfeitores Espirituais que os escrevem ou ditam e não a mim.

Já na questão 10, Wallace indaga sobre definição de mediunidade psicográfica.

– Tecnicamente, não sei definir. Sei apenas que os Espíritos Amigos tomam meu braço e escrevem o que desejam e, de 1931 para cá, sempre sob a supervisão de Emmanuel. Certo dia, há muitos anos, eu quis estudar o fenômeno da psicografia em mim mesmo e, no meu entusiasmo pelo assunto, perguntei a Emmanuel o que pensava ele a respeito. Ele me respondeu: "Se a laranjeira quisesse estudar pormenorizadamente o que se passa com ela, na produção das laranjas, com certeza não produziria fruto algum. Não queremos dizer, com isso, que o estudo para assuntos de classificação em mediunidade deva ser desprezado. Desejamos tão só afirmar que assim como as laranjeiras contam com pomicultores e botânicos que as definem, assim também os médiuns contam com autoridades humanas que os analisam pelo tipo de serviço que oferecem. Vamos trabalhar! Para nós, o que interessa agora é trabalhar."

E ainda na questão 11, que indaga sobre o registro consciente da psicografia:

– Quando escrevo psicograficamente, vejo, ouço

e sinto o Espírito desencarnado que está trabalhando, por meu braço, e, muitas vezes, registro a presença do comunicante sem tomar qualquer conhecimento da matéria sobre a qual ele está escrevendo.

A lição é igualmente grande na resposta à questão 12, sobre a sensação após quarenta anos de mediunidade:

– Aos quarenta anos de mediunidade, reconheço que não tenho trabalhado tanto quanto deveria, ao mesmo tempo que me vejo, cada vez mais longe, do tipo de médium ideal que os Benfeitores desejariam que eu fosse.

Wallace ainda indaga, na questão 13: *Nesses quarenta anos, qual a modificação mais substancial que assistiu no Espiritismo no Brasil?*

– Em minha reduzida capacidade de observação, creio que a vivência da Doutrina Espírita, principalmente no testemunho das obras assistenciais, é o traço mais belo da obra dos nossos dedicados irmãos do Brasil, nos últimos trinta anos.

E a humildade do médium sempre surge nas entrelinhas de suas respostas, ou mesmo diretamente, como ocorreu na resposta à questão 14, que indaga qual a experiência mais valiosa do exercício mediúnico vivenciado por ele. A resposta é um roteiro para nossas ações pessoais:

– O reconhecimento de minha inferioridade e o encontro constante com minhas imperfeições.

Quanto mais os Instrutores Espirituais escrevem, por meu intermédio, mais claramente observo a distância espiritual que me separa deles. Quanto mais corre o tempo sobre o trabalho dos Mentores do Além, através de minhas pobres forças, mais me vejo na condição da laranjeira de má qualidade providencialmente cortada para serviços de enxertia. Os frutos no galho são substanciosos e doces porque pertencem à laranjeira nobre, que não desdenhou produzir sobre o pé da laranja azeda.

Na pergunta 16, a indagação sobre o possível contato do médium com Cairbar Schutel. Chico respondeu:

– (...) Através de "O Clarim", passei a admirar profundamente a obra de Cairbar Schutel. Carteamo-nos, algumas vezes, e tive a honra de abraçá-lo, em pessoa, na tarde de 31 de março de 1937, em São Paulo, onde fui, pela primeira vez, participar das atividades da Semana do Espiritismo e Metapsíquica, que se realizava naquela cidade. (...) Desde então, em corpo físico, não mais o vi.

E Wallace amplia a questão sobre Schutel, perguntando como Chico o registra, e se aquele seareiro costuma usar o veículo mediúnico. Na pergunta 17, a resposta:

– Vejo o nosso amigo Cairbar Schutel na mesma forma com que se apresentou, em 1937, no encontro pessoal em São Paulo, porém, mais moço, mais sorridente e mais lépido.

Quarenta e seis

Ainda dentro das comemorações dos quarenta anos de mediunidade, *No Mundo de Chico Xavier*, no capítulo 13 encontramos notável entrevista do Dr. José Thomaz da Silva Sobrinho, jornalista espírita de Uberaba (MG). Duas importantes perguntas merecem nossa máxima atenção pela grandeza da resposta. A lucidez e a grandeza moral de Chico sempre nos presenteiam para aprofundar reflexões. Destacamos, em primeiro lugar, a questão 7:

> – *Você acha que a prática da mediunidade encontra obstáculos por parte das forças espirituais inferiores que nos cercam?*
>
> – *Sim. Acredito que isso acontece não só na prática mediúnica, mas em todo lugar da Terra onde aparece a luz do Nosso Senhor Jesus Cristo. Basta que o Evangelho surja aqui ou ali, derramando as suas claridades eternas, para que a sombra do mal se destaque em desafio. Compete a nós todos confiar em Jesus e trabalhar sempre em Sua Seara de amor e de redenção.*

O jornalista Valentim Lorenzetti também entrevistou Chico. Destacamos a questão sobre outras religiões, que se encontra no capítulo 14, e a resposta de Chico:

> – *Os Espíritos Amigos nos advertem que todas as religiões são respeitáveis pelo conteúdo de verdade que encerram. Todas elas são caminhos que conduzem*

a Deus e ao aprimoramento da alma. Acentuam, porém, que encontramos, na Doutrina Espírita, o Consolador prometido por Nosso Senhor Jesus Cristo à Humanidade, explicando-nos o verdadeiro e claro sentido de seus ensinamentos no Evangelho, de modo a sabermos que não há morte, que a vida continua para lá do túmulo, que a Justiça Eterna funciona na consciência de cada um de nós e que recebemos neste mundo, ou nas outras estâncias da Vida Espiritual, os resultados de nossos próprios atos.

A maior diferença entre o Espiritismo e as outras religiões, a nosso ver, é que o Espiritismo nos faculta indagar e conhecer o que devemos aprender e saber, com respeito aos nossos Espíritos eternos, sem que a fé nos imponha barreiras nesse sentido, de vez que no campo espírita a fé precisa ser raciocinada. Temos no Espiritismo o cumprimento da promessa do Cristo: "conhecereis a Verdade e a Verdade vos fará livres" ao que o nosso abnegado Emmanuel acrescenta: "e a Verdade vos fará livres para serdes servos felizes de vossas obrigações e para serdes mais responsáveis perante Deus."

Assuntos humanos

Referências bibliográficas:

Entrevistas

Entender Conversando

Organizador: Hércio Marcos Cintra Arantes

Quarenta e sete

Quantos não são os assuntos humanos? Debatem-se conosco diariamente. Desde nossa própria intimidade com seus contínuos questionamentos e dúvidas até os desafiadores problemas sociais, envolvendo outras pessoas.

Não é apenas a questão da sobrevivência ou da profissão. A crença, os filhos, a cultura, o país. A idade, a família, a existência dos Espíritos e sua influência e tantos outros temas ocupam nossa mente, diariamente, com preocupações, anseios, propostas, planejamentos variados, dúvidas e caminhos, cogitações de toda espécie.

Com a Doutrina Espírita, o horizonte do entendimento se amplia consideravelmente, pela valiosa oportunidade de reflexão sobre a vida, suas leis e desdobramentos.

Os livros psicografados por Chico ampliaram ainda mais essas questões todas. As obras de André Luiz e de Emmanuel lançaram nova luz sobre o entendimento das variadas cogitações sobre a vida e seus fundamentos.

Chico deixou imensa contribuição cultural à Humanidade. Foi questionado sobre variadas questões.

Do livro *Entrevistas*, que integra a série de cinco obras com entrevistas sob supervisão de Emmanuel, organizado por Elias Barbosa, encontramos, no capítulo *Assuntos Humanos,* várias questões do cotidiano, de entrevista concedida a Saulo Gomes, em 1968. Saulo Gomes, como se sabe, foi o entrevistador de Chico no famoso *Pinga-Fogo* da extinta *TV Tupi.*

Extraímos, da pergunta 4, a resposta de Chico sobre o questionamento de ter, na vida mediúnica, conhecido amigos suicidas reencarnados. E ele respondeu:

– Alguns. Tendo começado a tarefa mediúnica em 1927, há quase quarenta e um anos, tive tempo suficiente para observar alguns casos e posso dizer que todos aqueles que vi reencarnados, depois do atentado contra eles mesmos, traziam consigo os sinais, os reflexos da leviandade que haviam perpetrado.

Contudo, devemos respeitar os suicidas como criaturas extremamente sofredoras que, muitas vezes, perderam o controle das próprias emoções, raiando para o desrespeito a si próprios.

Os resultados do suicídio acabam sempre impressos naqueles que o perpetram; desse modo, a dois companheiros que se suicidaram com bala no ouvido – e que revi, no espaço, depois de dez anos – vi-os reencarnados na condição de crianças retardadas, num estado de extrema idiotia.

Outro companheiro que se suicidou, com o veneno, renasceu como uma criança que trazia já o câncer na garganta, tendo desencarnado pouco tempo depois.

Os Espíritos me explicaram que, muitas vezes, o suicida, em se reencarnando, como que destrói os tecidos do novo corpo; a desencarnação, ou a morte propriamente considerada, ocorre logo depois do nascimento ou algum tempo depois. Aí, então, o Espírito estará em condições de aprender quanto vale a vida;

deseja viver, mas não consegue, conseguindo, enfim, depois de grande esforço.

Avarentos, sovinas

Ainda no mesmo capítulo, questão 6:

– *Os avarentos, os sovinas, realmente são Espíritos doentes. Emmanuel costuma dizer: a criatura que amontoa, amontoa e amontoa os recursos materiais, sem nenhum proveito no trabalho, na educação, na beneficência, no socorro em favor dos semelhantes, está desequilibrada.*

Quem assim procede está doente e, decerto, na próxima reencarnação, enfrentará o resultado desse desvio da realidade.

Os Espíritos Amigos consideram o dinheiro como sendo o sangue da sociedade; quando colocamos o dinheiro simplesmente a um canto, sem programa, só para que funcione em proveito dos nossos caprichos, estamos operando no organismo social aquilo que chamamos "trombose" na circulação do sangue. Impedindo a circulação, vamos pagar as consequências do nosso ato impensado. (...)

Precisamos valorizar os companheiros que são portadores da fortuna material, cooperando com eles para que possam administrar bem esses recursos, pois são profundamente responsáveis diante do Senhor, como também, aqueles nossos irmãos pobres, que são mais pobres, vamos dizer assim, porque todos nós somos ricos diante de Deus. (...)

Mortes repentinas:

(pergunta 11)

– (...) As mortes repentinas, as desencarnações improvisadas, quase sempre são provações e, às vezes, ocorrências inevitáveis no mapa de trabalho traduzido pelo Espírito, ao reencarnar.

Mas estejamos convencidos de que as longas moléstias são abençoados cursos preparatórios para que nos libertemos de muitos caprichos e muitos hábitos que pertencem à vida física, mas sem significação na vida maior.

Impressão depois da morte

A entrevista gravada para a *TV Tupi*, pelo repórter Saulo Gomes, em agosto de 1968, e publicada em 1969, pelo *Anuário Espírita*, tem o título *Procurando a Verdade.* Na questão 25, encontramos a resposta do médium sobre as impressões na ocasião precisa da morte. A resposta pode ajudar muita gente:

– Para todos aqueles que terminaram a existência terrestre com uma consciência tranquila, limpa, conquanto os muitos erros em que todos nós incorremos nesta existência, a impressão no outro mundo é

de profunda alegria, de felicidade mesmo, no reencontro com as pessoas queridas que nos antecederam na grande transformação. Mas, quando nós malbaratamos os patrimônios da vida, quando não consideramos as nossas responsabilidades, é natural que soframos as consequências disso no mundo espiritual, antes de voltarmos, naturalmente à Terra, em novo renascimento, para o resgate a que fazemos jus.

Drogas, loucura e obsessão

Na resposta à questão 27, o questionamento é sobre o uso de drogas e se tais desequilíbrios podem ser responsáveis por loucura e obsessão.

A resposta transcrevemos parcialmente:

> *– (...) Quando entramos pela delinquência, quando caminhamos pelas vias da criminalidade, adquirimos distúrbios muito sérios para a nossa vida espiritual. Toda vez que ofendemos a alguém, estamos dilapidando a nós mesmos, porque estamos conturbando o mundo harmonioso em que se processa a nossa vida; assim é que muitos Espíritos, muitas pessoas amigas desencarnadas que tenho visto em sofrimento no mundo espiritual, ao reencarnar-se, o fazem em condições mentais precárias, encontram-se em muitos graus de alienação mental, em muitos graus de enfermidade.*
>
> *André Luiz me diz que a nossa mente, na vida natural, libera substâncias químicas necessárias à*

preservação da nossa paz, no cumprimento dos nossos deveres na Terra. Porém, quando nós conturbamos o binômio alma – corpo, caímos em problemas espirituais muito difíceis.

(...)

Emmanuel, que entra como um grande evangelizador, diz que, por isso mesmo, Jesus afirmou: "o reino de Deus está dentro de vós". Mas assim como o reino de Deus está dentro de nós, o reinado temporário do mal, ou das trevas, está também dentro de nós, quando nos afeiçoamos às trevas. E, acrescenta, às relações de André Luiz, que "a Ciência e a Religião são as duas forças propulsoras e mantenedoras do equilíbrio na Terra. Sem a Ciência, o mundo se converteria numa selva primitivista, sob o domínio da animalidade; mas, sem a Religião, converteríamos a Terra num hospício de largas dimensões, em que a irresponsabilidade caminharia em todas as direções."

Assistência espiritual

Já à questão 28, encontramos resposta sobre a assistência no mundo espiritual depois da desencarnação. A resposta traduz o conforto trazido pelo Espiritismo:

– Não há ninguém desamparado. Assim como aqui na Terra, na pior das hipóteses, renascemos a sós, em companhia de nossa mãe, mas nunca sozinhos, no mundo espiritual também a Providência Divina ampara todos os Seus filhos.

Ainda aqueles considerados os mais infelizes, pelas ações que praticaram, e que entram no mundo espiritual com a mente barrada pela sombra, que eles próprios criaram em si mesmos, ainda esses têm o carinho de guardiães amorosos, que os ajudam e amparam, no mundo de mais luzes e mais felicidade.

O leitor poderá utilizar tais trechos ou respostas para igualmente ampliar seus estudos individuais ou em grupos, promover debates e espalhar essas lúcidas e esclarecedoras respostas.

Quarenta e oito

Se o capítulo anterior tratou dos assuntos humanos, da vida material mesmo, aqui encontramos a temática de interesse da alma, do aprimoramento individual e coletivo para a alma em processo de aprendizado, que somos todos nós.

Como a Doutrina Espírita é inesgotável em seu rico conteúdo, encontramos, sob esse aspecto dos interesses da alma, farto material à disposição para igualmente estudar, refletir, pesquisar. Distribuímos abaixo para o leitor.

A resposta à questão 34, no capítulo *Encontro Fraterno* (continuando o livro *Entrevistas*), de entrevista concedida a Salvador Gentile e Elias Barbosa, na Comunhão Espírita Cristã, em 22 de agosto de 1970, e também publicada no *Anuário Espírita*, de 1972, edição em castelhano, Chico abordou a questão dos aspectos do Espiritismo:

– Temos aprendido, com os Benfeitores da Vida Maior, que todos os três aspectos do Espiritismo são essencialmente importantes, entretanto, o religioso é o mais expressivo por atribuir-nos mais amplas responsabilidades de ordem moral, no trato com a vida.

Religião Espírita

Ainda no mesmo capítulo, na questão 37, encontramos a seguinte resposta sobre o quesito Religião Espírita:

– A nosso ver, a legenda "Religião Espírita" seria muito adequada aos ensinamentos doutrinários do Espiritismo, repletos de consequências morais, conquanto, de minha parte, devo respeitar o ponto de vista dos companheiros que não pensam assim.

Técnica dos Espíritos

Por outro lado, sobre o subtítulo à epígrafe, a pergunta 38 indaga sobre a técnica utilizada pelos Espíritos na divulgação doutrinária:

– Não posso precisar qual seja a técnica dos nossos instrutores na divulgação doutrinária, mas o que vejo todos os dias é que, para eles, todas as criaturas são importantes e que todas – mas claramente todas – são dignas da máxima atenção daqueles que ensinam e esclarecem, nos domínios da consolação e da Verdade.

Mediunidade com Jesus

Eis um tema que nunca pode faltar, face às nossas necessidades de constante aprimoramento. Os entrevistadores não perderam a oportunidade, indagando ao médium o que ele entendia sobre mediunidade espírita com Jesus. A pergunta é a de número 40, no mesmo capítulo. Chico respondeu:

> *– Para mim, e digo isso apenas com respeito à minha pobre e apagada pessoa, mediunidade espírita com Jesus tem sido um processo de iluminação, pelo qual, quanto mais os Bons Espíritos escrevem e se comunicam por meu intermédio, mais evidentes se tornam os meus defeitos e inferioridades, não só perante os outros como também diante de mim mesmo.*
>
> *Compreendo, desse modo, que mediunidade com Jesus, para mim, tem sido um encontro progressivo e constante comigo mesmo, em que a luz dos Amigos Espirituais me mostra, sem violência, quanto preciso ainda aprender e trabalhar para melhorar-me.*

Obsessões, radicalismo, terapêutica

As questões 41 e 42 abordam a velha questão da obsessão, sua terapêutica (na 41) e radicalismo (na 42).

A primeira delas indagou:

– Quais os métodos terapêuticos ideais contra o processo obsessivo?

– *Os Bons Espíritos são unânimes em afirmar que, quanto mais nos melhorarmos em Espírito, menores serão sempre as nossas possibilidades de ligação com as forças desequilibradas das sombras.*

Já a outra questão indaga:

– *O radicalismo em matéria de* fé pode ser encarado como obsessão?

– *Cremos que não, em nos referindo ao simples radicalismo, mas, no radicalismo excessivo, admito que estaremos caindo em perturbações.*

Quarenta e nove

A VIRTUDE DO PERDÃO, APRESENTADA E VIVIDA POR Jesus com expressiva intensidade, sempre esteve nas cogitações do médium. Ele viveu episódios difíceis com a família, com companheiros espíritas e mesmo com opositores do Espiritismo.

Foi humilhado, perseguido, contestado, questionado com crueldade, enganado. Mas sempre deu provas de perdão.

Foi desafiado a perdoar inúmeras vezes e não se fez rogado. Fez de sua vida uma caminhada de humildade, abraçado ao dever e ao perdão.

Encerrando o capítulo, o caso trazido por Chico na questão 49 do livro *Entrevistas* é de uma beleza singular. Merece ser trazido na íntegra. O exemplo é muito peculiar.

A questão trazida pelos entrevistadores solicita um

fato mediúnico que o sensibilizara nas quatro décadas de prática mediúnica, à época da entrevista. Transcrevemos na íntegra:

> – *Das experiências de nossa tarefa mediúnica, citaremos uma delas, para nós inesquecível.*
>
> *Nos arredores de Pedro Leopoldo, há anos passados, certa viúva viu o corpo de um filho assassinado, ao chegar, repentinamente, à casa.*
>
> *Desde então, chorava sem consolo.*
>
> *O irmão homicida fugira, logo após o delito, e a sofredora senhora ignorava até mesmo por que o rapaz perdera tão desastradamente a vida.*
>
> *Agravando-se-lhe os padecimentos morais, uma nossa amiga, já desencarnada, D. Joaninha Gomes, convidou-nos a ir em sua companhia partilhar um ligeiro culto do Evangelho, com a viúva enlutada.*
>
> *A desditosa mãe acolheu-nos com bondade e, logo após, em círculo de cinco pessoas, entregamo-nos à oração.*
>
> *Aberto em seguida* O Evangelho Segundo o Espiritismo, *ao acaso, caiu-nos sob os olhos o item 14 do capítulo X, intitulado* Perdão das Ofensas.
>
> *Ia, de minha parte, começar a leitura, quando alguém bateu à porta.*
>
> *Pausamos na atividade espiritual, enquanto a dona da casa foi atender.*
>
> *Tratava-se de um viajante maltrapilho, positivamente um mendigo, alegando fome e cansaço.*

Pedia um prato de alimento e um cobertor.

A viúva fê-lo entrar com gentileza, a pedir-lhe alguns momentos de espera.

O homem acomodou-se num banco, e iniciamos a leitura.

Imediatamente depois disso, comentamos a lição de modo geral.

Um dos assistentes perguntou à dona da casa se ela havia desculpado o infeliz que lhe havia morto o filho querido, cujo nome passou, na conversação, a ser, por várias vezes, pronunciado.

A viúva asseverou que o Evangelho, pelo menos, determinava-lhe perdoar.

Foi, então, que o recém-chegado e desconhecido exclamou para a nossa anfitriã:

– Pois a senhora é a mãe do morto?

E, trêmulo, acrescentou que ele mesmo era o assassino, passando a chorar e a pedir perdão de joelhos.

A viúva, igualmente em pranto, avançou maternalmente para ele e falou:

– Não me peça perdão, meu filho, que eu também sou uma pobre pecadora... Roguemos a Deus para que nos perdoe!...

Em seguida, trouxe-lhe um prato bem feito e o agasalho de que o desconhecido necessitava.

Ele, entretanto, transformado, saiu do Culto do Evangelho conosco e foi se entregar à Justiça.

No dia imediato, Joaninha Gomes e eu voltamos ao lar da generosa senhora, e ela nos contou, edificada, que durante a noite sonhara com o filho a dizer-lhe que ele mesmo, a vítima, trouxera o ofensor ao seu regaço de Mãe, para que ela o auxiliasse com bondade e socorro, entendimento e perdão.

***

Parece-nos que o texto dispensa qualquer comentário ou acréscimo.

Cinquenta

No capítulo *Entre Irmãos*, de entrevista realizada pelo repórter Realindo Jr., quando da visita do médium a Franca (SP), e publicada em 1971, encontramos a significativa resposta à questão 52, com o título *Insatisfação do mundo atual*. A pergunta foi no sentido de saber o que pensam ou dizem os Espíritos a respeito da insatisfação do mundo atual. E está também no livro *Entrevistas*.

– Os nossos guias espirituais traduzem a nossa insatisfação, no mundo inteiro, como sendo a ausência de Jesus Cristo em nossos corações.

Quando nos adaptarmos, em definitivo, ao espírito da doutrina para a vivência cristã, em nossas relações mútuas, toda insatisfação desaparecerá, porque estabelecida a paz em nossa consciência com o nosso dever cumprido, as próprias doenças naturalmente recuarão, pois muitas delas são simples consequências de nossos desajustes espirituais, em decorrência de nosso afastamento de Cristo, como luz divina para os nossos corações.

Estamos nos referindo não só ao Espiritismo Evangélico, mas a todo o Cristianismo, a todas as escolas cristãs.

Os cristãos têm necessidade dessa união em torno da verdade. Nós precisamos de Cristo.

Amor à vida

Uma resposta repleta de otimismo, alegria e gratidão está expressa pelo médium, na questão 66:

– Ama a vida?

– Imensamente. Acho que a vida é um dom de Deus, e se nós descobrirmos, se procurarmos descobrir a vontade de Deus, vamos ver que a Bondade de Deus está em toda a parte e não temos motivo nenhum, em tempo algum, de acalentar qualquer desânimo no coração, porque Deus como que nos manda, a cada manhã, o sorriso maravilhoso do Sol como a dizer que espera por nós, que nos tolera, que nos ama, que nos descerrará novos caminhos, que a vida é boa e bela, que devemos agradecer, cada dia mais, o dom de viver e o dom de amar aqueles e aquilo que nós amamos, sejam nossos pais, esposa, esposo, filhos, amigos, parentes, companheiros, tarefas e ideais.

A vida está repleta da beleza de Deus, e, por isso, não nos será lícito entregar o coração ao desespero, porque a vida vem de Deus, tal qual o Sol maravilhoso nos ilumina.

MORTE

– Como encara a morte?

– Naturalmente que somos humanos, e a despedida de um ente amado, mormente quando esse ente amado vai adquirir nova forma, de um modo geral se tornando invisível ao nosso olhar comum, a nossa dor é imensa.

Quando vemos partir, por exemplo, um filho para uma terra distante, quando sofremos a prova da separação de ente querido, mesmo na Terra, sofremos compreensivelmente, de vez que o amor vem de Deus, e, quando amamos, queremos perto de nós a criatura querida.

Ainda sabendo que a morte vem de Deus, quando nós não a provocamos, não podemos, por enquanto, na Terra, receber a morte com alegria porque ninguém recebe um adeus com felicidade, mas podemos receber a separação com fé em Deus, entendendo que um dia nos reencontramos todos numa vida maior, e essa esperança deve aquecer-nos o coração.

Cabe-nos superar o sofrimento da morte fazendo por aquele, ou aquela, que parte, aquilo que eles estimariam continuar fazendo, nunca entregar-nos ao choro improdutivo, ao luto que nada produz, mas, sim, prosseguir na tarefa daqueles nossos entes amados que partiram, unindo a eles o nosso pensamento e carinho através do espírito de serviço, reconhecendo que eles continuam vivendo e, naturalmente, nos agradecerão a conformidade e o concurso amigo que lhes possamos oferecer para que a vida deles, na Terra, seja devidamente complementada.

Cinquenta e um

Os temas *Desenvolvimento da Mediunidade* e *Unificação* estão sempre nas cogitações espíritas. Chico igualmente coloca sua bondade e inteligência para responder os questionamentos que lhe dirigiam. E sempre o faz com bom senso e cuidado para não ferir alguém.

Era seu perfil psicológico e moral mesmo. Nunca ferir ou caluniar, nunca acusar alguém. Suas palavras eram sempre na direção da compreensão com as dificuldades humanas. E isto fazia com que suas respostas atendessem, ao mesmo tempo, vários interesses, face à sua facilidade de raciocinar com bondade.

Em 17 de setembro de 1971, o jornal uberabense *Lavoura e Comércio* publicou entrevista realizada na Comunhão Espírita Cristã, pela equipe de reportagem do Colégio Estadual local, com o título *Pesquisa afetuosa.*

Como nas outras ocasiões, inúmeras perguntas

foram endereçadas ao médium, que as respondeu sempre com ponderação e profundidade de abordagem.

Por ser sempre de grande interesse, destacamos a questão 76, do livro *Entrevistas*, que transcrevemos na íntegra:

> *– Gostaria de saber como uma pessoa pode notar que é dotada de mediunidade, quais as vantagens espirituais oferecidas pela mesma, e como essa pessoa deve proceder?*
>
> *– Pelas palavras de nosso caro Nilson Tarcísio, estamos vendo que a turma do Colégio Estadual de Uberaba é formada mesmo de corações maravilhosos.*
>
> *Estou longe de merecer esses conceitos tão generosos, mas agradeço de coração e tomo isso como uma Reprimenda Luminosa, para que eu seja um dia aquilo que os outros esperam que eu seja, sem que eu o seja de imediato.*
>
> *Vamos dizer, a mediunidade é peculiar a toda criatura humana; todas as pessoas são portadoras de valores mediúnicos que podem ser cultivados ao máximo, desde que a criatura se dedique a esse gênero de trabalho espiritual. De modo que, muitas vezes, encontramos uma certa dificuldade no problema mediúnico dentro da Doutrina Espírita.*
>
> *De modo geral, a pessoa só se diz médium quando se sente vinculada a um processo obsessivo; quando sente arrepios, muita perturbação, muito assédio, muita angústia, então se diz que essa pessoa é médium.*

Bem, aí já é médium assediado, médium doente. A mediunidade está enferma. Mas a pessoa sã, em plenitude dos seus valores físicos, pode perfeitamente estudar a própria mediunidade e ver qual o caminho que suas faculdades mediúnicas podem tomar.

Uma criatura que desenvolve a sua própria mediunidade desenvolve-a educando-se, procurando aprimorar a sua capacidade cultural, os seus valores, vamos dizer, os seus valores de experiência humana, os seus contatos no campo da humanidade, o seu dom de servir; essa criatura encontra, na mediunidade, um campo vastíssimo de trabalho e de felicidade, porque a felicidade verdadeira vem do trabalho bem aplicado, daquele trabalho que se constitui um serviço pelo bem de todos.

E o médium, dentro da Doutrina Espírita, é uma criatura não considerada fora de série de criaturas humanas. O médium é um ser humano, com as fraquezas e as perfeições potenciais de toda a criatura humana.

Então, a Doutrina Espírita é Mãe Generosa porque acolhe a criatura humana e faz dela um médium, mesmo que tenha muitos erros e muitos acertos, mas, depois do curso do tempo, os acertos vão abafando os erros, e a criatura pode terminar a existência com grande merecimento. Porque pelo trabalho na mediunidade, trabalho pelo bem comum, ela vence esse peso, que é o mais importante no mundo. Vencer a nós mesmos do ponto de vista das tendências inferiores que estejamos carregando. Falo isso a meu respeito, porque não creio que ninguém carregue tanta imperfeição como eu...

Chico também respondeu sobre a visão dos Espíritos com referência ao movimento de unificação. É a questão 83:

– Pelo interesse que nossos Amigos Espirituais manifestam em favor dessas realizações, compreendemos que muitas de nossas confraternizações que se realizam – sem querer mecanizar ou automatizar os nossos irmãos encarnados – resultam de inspiração de Benfeitores Espirituais que se empenham, fazendo a nossa união uns com os outros, através da palavra, pela troca de experiências, para que nós possamos localizar a nossa tarefa dentro do movimento espírita. Isso é muito importante. Os nossos Amigos Espirituais dão extraordinário relevo a esses movimentos e esperam que nós todos, os companheiros do Espiritismo, venhamos a encorajá-los por todos os modos que surjam dentro das nossas possibilidades, de vez que é pela reciprocidade, na permuta de nossas experiências, que chegaremos a conclusões e a realizações do mais alto interesse para o movimento espírita agora e no futuro.

Cinquenta e dois

No último capítulo do livro *Entrevistas*, que recebeu o título de *Indagações Oportunas*, encontramos temas de grande interesse. Selecionamos algumas das questões.

ORIGEM DAS MOLÉSTIAS

Na questão 99, encontramos:

– Como é que os Amigos Espirituais interpretam a origem das moléstias mentais complexas como, por exemplo, a esquizofrenia? Ela terá cura?

– Eles observam, muitas vezes, que nascemos com processos alusivos a moléstias chamadas incuráveis, como resultados de complexos de culpas adquiridos por nós mesmos em existências passadas. (...) os pensamentos de remorso percutem sobre o corpo espiritual e determinam o desequilíbrio da distribuição dos agentes químicos do organismo, já que, em verdade, cada um de nós tem determinada farmácia na sua própria vida íntima, e as substâncias químicas perdem o seu valor ideal, particularmente no cérebro, a cabine por onde o Espírito se manifesta.

Adquirindo culpas intensas e profundas, é muito natural que a criatura renasça com problemas de esquizofrenia, mas acreditamos que a Ciência, mais tarde, segundo a necessária permissão do Alto, sanará perfeitamente a moléstia em descobrindo, com o amparo da Misericórdia Divina, o caminho para restabelecer o nível de distribuição das substâncias químicas no cérebro enfermiço, para que essa distribuição atinja a circulação desejável.

PAIS E FILHOS

Já na questão 100, com o título *Pais e filhos*, os Espíritos respondem sobre a conduta dos pais em relação aos filhos-problemas e dos filhos em relação aos pais-problemas.

– Os Espíritos Amigos dizem, comumente, a nós outros, que precisamos de uma reformulação na Terra, dos nossos assuntos de ordem familiar. Não devemos constranger nossos filhos a sofrerem processos de violência, de nossa parte, tanto quanto os nossos filhos não devem criar semelhantes problemas para nós outros, quando assumimos os compromissos de pais na Terra. (...)

Necessário que os pais conversem mais cordialmente com os seus filhos, no clima da harmonia doméstica, dentro da própria casa, e nunca adiar essas conversações para tempos de desastre sentimental. (...)

Anticoncepcionais e aborto

O tema não poderia faltar. Está na realidade do cotidiano humano. O que dizem os Espíritos sobre os anticoncepcionais? O tema está na pergunta 101, e Chico respondeu:

– (...) se nos decidimos a praticar o aborto criminoso, se estamos interessados em disputar medidas legais para que o aborto seja aprovado por leis, como já acontece em várias regiões do mundo, é muito mais razoável que os anticoncepcionais sejam usados para controle da família. (...) respeitamos também a chegada dos anticoncepcionais ao Mundo, por medida preventiva contra o abordo delituoso, porque o aborto

delituoso é praticado em regime de impunidade, e a vítima não tem voz para se defender. Se nos mostramos dispostos a cometer essa espécie de falta, que depõe profundamente contra a nossa civilização, é preferível conservar os anticoncepcionais, e, do ponto de vista cristão, pedir o amparo das leis e o controle das autoridades, que o Senhor nos concedeu para a sustentação da saúde e da ordem. (...)

Estudo do Espiritismo

Da mesma forma, a questão 104, o sempre importante tema *Estudo do Espiritismo* provocou a seguinte pergunta, respondida em seguida:

– O que acha você do ensino do Espiritismo nas escolas, sobretudo, nas escolas espíritas?

– O ensino nos templos espíritas, a nosso ver, é um ensino vital para o êxito em nossas relações uns com os outros. Os Bons Espíritos, desde muito tempo, induzem-nos a considerar o templo espírita como sendo a Universidade de segurança e paz, progresso e a iluminação espiritual, na vivência humana. Eles dizem que o estudo da matemática, da química, é muito importante numa faculdade de ensino superior; mas o estudo também da paciência e da tolerância são muito importantes no templo espírita. Cremos que o ensino leigo é um processo normativo para a formação da instrução intelectual, mas, no templo espírita, deve-se fazer o ensino de ordem moral, para que nós possamos

chegar a um acordo uns com os outros e fazermos de nossa vida o melhor possível.

Perguntas sempre existem. As dúvidas se multiplicam diante dos desafios continuados que a própria evolução social vai trazendo.

Na esfera tecnológica ou social, novos ou velhos temas vão surgindo.

Como pôde observar o leitor, as respostas traduzem a grandeza moral do médium, uma vez mais.

Cinquenta e três

A PARTIR DESTA PARTE, PASSAMOS A UTILIZAR O livro *Entender Conversando,* que igualmente integra a série de cinco livros que registram entrevistas concedidas pelo médium em diferentes datas e lugares, sempre com a assistência de Emmanuel. Organizado por Hércio Marcos Cintra Arantes, a obra é composta de vinte capítulos, traz prefácio de Emmanuel, com menos de dez linhas – datado de 29 de outubro de 1983 –, e as publicações e datas estão identificadas no rodapé de cada entrevista. Os temas, destacados igualmente, estão identificados abaixo.

Vida no Além e progresso material

A pergunta 1 é muito pertinente, especialmente se considerarmos a visão incompleta dos que desconhecem o Espiritismo, abordando a sempre presente acusação de que o Espiritismo só se preocupa com a vida no Além, não se preocupando com o progresso material e político do globo. Na resposta, selecionamos:

– (...) Jesus cogitou muito da melhora da criatura em si. Auxiliou cada companheiro no caminho a ter mais fé, a amar os seus semelhantes, ensinou os companheiros a se entreajudarem, de modo que nós vimos Jesus sempre preocupado com o homem, com a alma. Não nos consta que ele tivesse aberto qualquer processo de subversão contra o Império Romano, nem mesmo contra a Palestina ocupada. Então, o espírita não é propriamente uma pessoa conformada do ponto de vista negativo. Conformismo, em Doutrina Espírita, tem o sinônimo de paciência operosa. Paciência que trabalha sempre para melhorar as situações e cooperar com aqueles que recebem a responsabilidade da administração de nossos interesses públicos. (...)

FUTURO DA HUMANIDADE

A pergunta 2 indaga sobre o futuro, especialmente considerando uma possível nova ordem econômica, que resulte num grau melhor de igualdade e fraternidade.

– Creio que mesmo que isso nos custe muitos sofrimentos coletivos, nós chegaremos até a confraternização mundial. As circunstâncias da vida na Terra nos induzirão a isso e nos conduzirão para essa vitória da solidariedade humana. (...) Eu creio que, acima de nossas governanças, todas elas veneráveis, temos o

governo de poderes maiores, que nos inspira e que, naturalmente, nos enviará recursos para que essa vitória de fraternidade universal se verifique.

Inexistência do mal

Na pergunta 4, encontramos:

– (...) o mal nunca vencerá o bem?

– O bem sanará o mal, porque este não existe; é o bem, mal interpretado. Muitas vezes, aquilo que julgamos como mal, daqui a dois, quatro, seis anos, é um bem. (...) De modo que o mal é como se fosse o frio. Este existe porque o calor ainda não chegou. Mas chegando o aquecimento, o frio deixa de existir. Se a treva aparece é porque a luz está demorando, mas, quando acendemos a luz, ninguém pensa mais nas trevas. Não creio na existência do mal em substância. Isso é uma ficção.

Agressões à natureza

Na resposta à pergunta 7, a lógica e o bom senso:

– (...) se a continuamos agredindo demasiadamente, o preço será pago por nós próprios, porque depois voltaremos em novas gerações plantando árvores, acalentando sementes, modificando o curso dos rios, despoluindo as águas, drenando os pântanos e criando filtros que nos liberem da poluição. O problema será sempre do *Homem. Teremos que refazer tudo porque estamos agindo atualmente contra* nós mesmos.

Pena de morte

Com o aumento da criminalidade, o assunto em questão sempre vem à tona. Acompanhemos a resposta à questão 9:

– A pena deveria ser de educação. A pessoa deveria ser condenada, mas é a ler livros, a se educar, a se internar em colégios, ainda que seja, vamos dizer, por ordem policial. Mas que as nossas casas punitivas, hoje chamadas de casas de reeducação, sejam escolas de trabalho e de instrução. Isto porque toda criatura está sentenciada a evoluir e nunca sentenciada à morte pelas leis de Deus, porque a morte tem seu curso natural. Por isso, acho que a pena de morte é desumana, porque ao invés de estabelecê-la devíamos coletivamente criar organismos que incentivassem a cultura, a responsabilidade de viver, o amor ao trabalho. (...) Porque nós não podemos corrigir um crime com outro, um crime individual com um crime coletivo.

Em curtos trechos, ainda no capítulo primeiro

Céu e inferno

(pergunta 12)

– (...) Céu, inferno e purgatório começam dentro de nós mesmos. A alegria do bem praticado é o alicerce do Céu. A má intenção já é um piso para o purgatório, e o mal devidamente efetuado, positivado, já é o remorso, que é o princípio do inferno.

Lei cármica
(pergunta 13)

– Aquilo que ficou estabelecido como sendo nossa dívida é uma determinação que devemos pagar. Se comprei e assumi a dívida, devo pagar. É o que consideramos destinação, é o carma. (...)

Interesse crescente pelo Espiritismo
(pergunta 15)

– Eu creio que o número de adeptos da Doutrina Espírita tem crescido em função das provas coletivas com que temos sido defrontados, acidentes dolorosos, provações muito difíceis, desvinculações familiares tremendas, transformações muito rápidas nos costumes sociais e tudo isto tem induzido a comunidade a procurar uma resposta espiritual a estes problemas (...)

Orientação aos filhos
(pergunta 19)

– Se eu tivesse um filho (...), ensinaria, nos primeiros dias da vida, a esse filho, o respeito à existência de Deus, o respeito à justiça e o amor ao trabalho. E, em seguida, ensinaria a ele que não seria e não será melhor do que os filhos dos outros.

Incompreensões e calúnias
(pergunta 23)

– Minha atitude perante a opinião pública foi sempre a mesma, de muito respeito ao pensamento dos outros.

Cinquenta e quatro

Os ensinos, os exemplos, as lições de Chico se multiplicam em sua voz. Sempre a lucidez, o amor ao semelhante, a confiança em Deus, a resignação diante das dificuldades, o estímulo ao bem. Selecionamos, a seguir, trechos de diferentes respostas, com identificação dos capítulos, destacando o tema principal. Todos do livro *Entender Conversando*.

Natal

(questão 28, capítulo 2)

– A necessidade de nos amarmos uns aos outros, segundo Jesus nos ensinou, o perdão das ofensas, o esquecimento das injúrias, o cultivo do trabalho, a fidelidade ao dever, a lealdade aos compromissos assumidos, o lar, a família, a alegria de nos pertencermos uns aos outros, através dos laços da fraternidade. Isto tudo é Natal. (...)

Brasil

(questão 31, capítulo 2)

– (...) Agora, o problema do Brasil, pessoalmente, opinião minha, o que deveria ser faceado pela comunidade brasileira como um dos problemas mais sérios é o problema do trabalho. O amor ao trabalho e a fidelidade ao cumprimento do dever. Se nós todos

trabalharmos, se carpirmos a terra, se construirmos, se lidarmos com a pedra, com o barro, com a sementeira, com os fios; se tecermos; se todos nós nos unirmos para criar valores em nosso benefício, a pobreza deixará de existir. Mas enquanto alguns trabalharem, e muitos outros não quiserem trabalhar, o problema não será resolvido. Este problema não é de fortuna. Todos somos ricos... Todos nós nascemos, pelo menos nos casos normais, com um corpo que pode trabalhar, que pode servir, que pode ser manejado para o bem; esta é a verdadeira riqueza. Um homem pode possuir milhões, mas, se está atacado pelo câncer, por exemplo, ele sente que a riqueza dele é o corpo...

AINDA O TRABALHO

(questão 32, capítulo 2)

– (...) Mas a nossa obrigação é melhorar tudo; se temos uma enxada e essa enxada precisa de conserto, devemos consertá-la, devemos afiá-la novamente para que possamos ser felizes em nossas tarefas. Agora, não podemos nos alhearmos à necessidade de viver nossa vida como deve ser vivida. (...) se a pessoa quiser trabalhar, tem serviço de limpeza, tem serviço de higiene, serviço de cultura, de culturas diversas, aos quais a criatura pode se vincular, trabalhando e ganhando um vencimento razoável. Agora, enquanto nós quisermos ganhar como os grandes técnicos (...), acenando que um salário mínimo, dois salários mínimos, que tudo isto é muito pouco, que somos miseráveis... Assim, não é possível encontrar felicidade.

Crise mundial

(questão 36, capítulo 2)

– Chico, você vê o desequilíbrio da Terra em termos políticos e sociais? E do Brasil?

– Eu penso com aquela assertiva do nosso André Luiz, que é um mentor que nós todos respeitamos, se cada um de nós consertar de dentro o que está desajustado, tudo por fora estará certo.

Tóxicos e amor

– (...) somos obrigados a reconhecer que os tóxicos atingem muito mais os adolescentes nas classes mais favorecidas do que nas classes que lutam com penúria de ordem material. Então, é um problema de assistência afetiva. A carência de amor para milhares de jovens no setor da abastança material faz com que eles se rebelem e procurem determinadas fugas, à vista da fome de amor que experimentam, e passam a confiar nos tóxicos, quando os tóxicos podem apenas oferecer a eles a enfermidade, a desestima à vida, a loucura, até mesmo a morte (...)

Resposta à questão 59, capítulo 5. Referido capítulo tem o título *Encontro Especial*, do *Programa Sexta Super*, da *TV Globo*, levado ao ar na noite de 23 de maio de 1980, com direção de Augusto César Vannucci e com o nome *Chico Xavier Especial*. Referida matéria está igualmente publicada no *Anuário Espírita*, de 1981.

Conversão de católicos e protestantes

- Nosso dever primordial é o da conversão de nossa vida e de nossas exteriorizações individuais aos princípios santificantes que abraçamos.

Quando cada um de nós transformar-se em livro atuante e vivo de lições para quantos nos observam o exemplo, as fronteiras da interpretação religiosa cederão lugar à nova era de fraternidade e paz que estamos esperando.

Questão 66, no capítulo 6, de entrevista concedida pelo Espírito Emmanuel ao Dr. Lauro Michelin, de Araras-SP, em 1950, na cidade de Pedro Leopoldo (MG), por psicografia. Dr. Lauro, primeiro diretor do *Anuário Espírita* e autor do livro *Meditações* (IDE Editora), desencarnou em 1975, e os originais da citada entrevista foram carinhosamente guardados pela esposa, Dra. Aparecida C. Michelin, divulgados pela obra em referência.

Mistificações e Animismo

- Quem se sacrifica na extensão de recursos salvadores, oferecendo a vida e o tempo à causa da elevação humana, não deve perder-se em vacilações. Na essência, todos os atos nobres e todos os serviços de sublimação procedem do Cristo, de cuja amorosa autoridade não passamos de simples servidores.

Questão 67, do mesmo capítulo 6, da entrevista ao Dr. Lauro Michelin.

Desenvolvimento do Espiritismo

(questão 68, capítulo 6)

– Que podemos esperar, para os próximos cinquenta anos, a respeito do desenvolvimento da Doutrina Espírita?

– Somos companheiros otimistas no campo da fraternidade. Se Jesus espera no homem, com que direito deveríamos desesperar? Aguardemos o futuro triunfante, no caminho da luz. A Terra é uma embarcação cósmica de vastas proporções, e não podemos olvidar que o Senhor permanece vigilante no leme.

Confusão mundial

(questão 69, capítulo 6)

– É de se esperar que dure muito essa fase caótica de confusão que existe em nossos dias?

– Façamos harmonia em nós mesmos, e a perturbação exterior será reconhecida por nós à categoria de oportunidade valiosa de serviço aos nossos semelhantes.

Crise da fé

– A crise da fé determinou a crise social, e mesmo a crise socioeconômica que nós observamos em todos os países, compreendendo-se mesmo que, nos países supercultos, a taxa de toxicomania, de alcoolismo, de suicídio, de obsessão, de loucura mesmo, é muito

maior do que nos países chamados pobres ou subdesenvolvidos. Quer dizer que a ciência não resolveu os nossos problemas do coração. E os nossos problemas do coração apenas em Deus hão de encontrar a solução precisa. Porque nós precisamos de amor. Nós não podemos pedir piedade a um computador...

Resposta 81, no capítulo 7. Referido capítulo foi transcrito do SEI - *Serviço Espírita de Informação* (boletim semanal), de 1º de março de 1980. Seu conteúdo é do programa *Chico Xavier, um Iluminado*, apresentado em 25/02/80, pela, então, *TV Tupi*, do Rio de Janeiro, com reportagens do jornalista Saulo Gomes.

VACINA CONTRA A FOME

(questão 84, capítulo 7)

- A fome, a nosso ver, isso pode parecer até estranho que o digamos. Mas se cada um de nós atacar o problema do trabalho com vontade de servir, vamos encontrar o trabalho como sendo a maior e mais eficiente vacina contra a fome. (...)

Cinquenta e cinco

O CONHECIDO PROGRAMA TELEVISIVO *FANTÁSTICO*, da *TV Globo*, apresentado nas noites de domingo, exibiu a reportagem-entrevista com Chico, levada ao ar na noite de 13 de maio de 1979. O conteúdo foi publicado pelo

Anuário Espírita, de 1980. Selecionamos igualmente nobres ensinos trazidos pelo médium, reproduzidos posteriormente no livro *Entender Conversando.*

Reminiscências da vida animal – Ódio, raiva, doença

(questão 93, capítulo 8)

– (...) todo processo de ódio ou de cólera é reminiscência de nossa vida animal. (...) Então, é possível que tenhamos raiva ou que tenhamos ódio, é possível, sem termos direito para isso. Porque o ódio que sentirmos ou a cólera que alimentarmos recairá sempre sobre nós, no sentido de doença, de abatimento, de aflição, e só pode nos causar mal, já que deixamos, há muito tempo, a faixa da animalidade para entrarmos na faixa da razão. Somos criaturas humanas e por isso devíamos sentir a verdadeira fraternidade de uns para com os outros, sem possibilidade de nos odiarmos, porque os irmãos verdadeiros nunca se enraivessem uns contra os outros.

Filosofia de vida

(questão 94, capítulo 8)

– (...) não apareceu, por enquanto, nenhuma frase resumindo uma filosofia completa de vida como aquela pronunciada por Jesus: "Amai-vos uns aos outros como eu vos amei", isto é, amar sem esperar ser amado, e sem aguardar recompensa alguma. Amar sempre.

Caminho real da felicidade

(questão 95, capítulo 8)

– Se pudéssemos aconselhar alguém sobre a solução do problema da felicidade, diríamos que o trabalho em nossa vida deve ser constante. Que só devemos repousar como pausa de refazimento das nossas próprias forças, que o espírito de férias, o espírito do repouso, do descanso, devia ser considerado como pausa unicamente para a restauração de nossas energias, porque trabalhar servindo, trabalhar fazendo o bem, é realmente o caminho real da felicidade, que é a felicidade legítima para todos nós.

Para quem engana e explora a fé

(questão 101, capítulo 8)

– A palavra castigo, para nós, deve estar circunscrita nos processos de justiça, ou aos problemas chamados penalógicos. Porque quem engana, não apenas aos humildes, o que engana a qualquer pessoa, está enganando a si mesmo. Porque mais hoje, mais amanhã, a pessoa que engana acaba logrando a si própria.

Cinquenta e seis

Como se sabe, houve intensa movimentação na indicação do nome de Chico Xavier para o *Prêmio Nobel da Paz*, em 1980. Chico, à época, concedeu entrevista a

Carlos A. Baccelli, para o jornal *Lavoura e Comércio*, de Uberaba (MG). Referida entrevista foi publicada na edição de 6 de março de 1980. Das perguntas apresentadas ao médium, selecionamos algumas para o presente capítulo, também extraídas do livro *Entender Conversando*:

Contribuição Pessoal para a paz

(questão 113, capítulo 9)

– Para você, como é que cada um de nós poderia colaborar de maneira mais eficiente para a paz do mundo?

– Tenho aprendido com os Benfeitores Espirituais que a paz é a doação que podemos oferecer aos outros sem tê-la para nós mesmos. Isto é, será sempre importante renunciar, de boa vontade, às vantagens que nos favoreceriam, em favor daqueles que nos cercam. Em razão disso, seríamos todos nós artífices da paz, começando a garanti-la por dentro de nossas próprias casas e nos grupos sociais a que pertençamos.

Violência e amor

(questão 115, capítulo 9)

– Esperemos que o amor se propague no mundo com mais força que a violência, e a violência desaparecerá, à maneira da treva quando a luz se lhe sobrepõe. (...)

Caridade e penúria – atacar a miséria pela raiz

(questão 117, capítulo 9)

– *Muitos afirmam que o prato de sopa, que o alimento repartido, etc.,* não *resolvem o problema social reinante. Chico, como atacar a miséria pela raiz?*

– *Sobre o assunto, o nosso Benfeitor Espiritual Emmanuel nos disse, certa vez: "O banho não resolve o problema da higiene no mundo; entretanto, embora não possamos dispensar as lições e providências dos higienistas, cada criatura humana precisa de banho, de modo a não cair na imundície."*

Acreditamos que as administrações na Terra, gradativamente, estão resolvendo o problema da penúria, mas até que o problema seja solucionado, admito seja nossa obrigação auxiliar-nos, uns aos outros, para que as provações da carência sejam atenuadas.

Em toda organização social, muitos devem garantir a superestrutura, outros muitos são chamados à sustentação da estrutura, no entanto, pelo menos alguns, se não houver muitos, precisam cooperar na construção ou na reconstrução da infra*estrutura, em apoio à segurança do edifício.*

Para muita gente, um prato de sopa é uma bênção, até que o necessário possa dispensá-lo.

O próprio Jesus compadeceu-se da multidão que O seguia e, para que os ouvintes dele conseguissem a devida força, para lhe guardarem os ensinamentos, não quis despedi-los em jejum.

Servindo a Jesus

(questão 118, capítulo 9)

– (...) do que posso saber, até hoje, creio que a melhor forma de servirmos a Jesus será viver, na prática, o ensinamento que Ele próprio nos deu: "Amai-vos uns aos outros, como eu vos amei."

Cinquenta e sete

O capítulo 10, intitulado *A Vida e a Morte*, do livro *Entender Conversando,* de entrevista concedida a Carlos A. Baccelli e publicada, na íntegra, pelo jornal uberabense *Lavoura e Comércio*, em 28/10/1981, e sob o título *Ouvindo Chico Xavier em entrevista*, traz importantes questões da vida cotidiana, entre elas, orientações claras à vida social coletiva. Destacamos:

Problemas das grandes cidades

(questão 130, capítulo 10)

– Os problemas das grandes cidades: as populações carentes geralmente são massacradas. A elas quase tudo é negado. Isso é um perigo?

– Esta é uma questão para administradores e legisladores, sociólogos e economistas, aos quais compete a orientação da vida pública.

Erradicação da pobreza e da ignorância

(questão 131, capítulo 10)

– (...) o que deveria ser feito visando a erradicação da pobreza e da ignorância em que vivem milhões de pessoas?

– (...) Sem qualquer experiência de ordem política e respeitando na política uma das mais altas ciências do mundo, por envolver interesses comunitários, não posso imaginar o que me seria possível fazer se me fosse imposto determinado encargo representativo. Creio, no entanto, que a distribuição do trabalho, sem obstáculos de idade ou condição física, para o acesso às atividades profissionais e a obrigatoriedade da escola gratuita, pelo menos em se tratando das bases de ensino primário às comunidades infantojuvenis, poderiam colaborar decisivamente na erradicação da pobreza e do analfabetismo no campo de nossa vida coletiva.

Riqueza e felicidade

(questão 133, capítulo 10)

– Para ser feliz, o homem necessita de riqueza? O que é a felicidade?

– Acreditamos que o Criador nos fez ricos a todos, sem exceção, porque a riqueza autêntica, a nosso ver, procede do trabalho, e todos nós, de uma forma ou de outra, podemos trabalhar e servir.

Quanto à felicidade, cremos que ela nasce na

paz da consciência tranquila pelo dever cumprido e cresce, no íntimo de cada pessoa, à medida que a pessoa procura fazer a felicidade dos outros, sem pedir felicidade para si própria.

VITÓRIA DA PAZ E DO AMOR

(questão 134, capítulo 10)

– (...) numa época de tanta violência, desamor, inquietude, ainda há esperança para a Humanidade?

– Estamos certos de que nós, os cristãos de qualquer procedência, não podemos esquecer a promessa do Cristo: – "Estarei convosco, até o fim dos séculos."

A violência, o desamor e a inquietude são estágios humanos, suscitados pelas criaturas humanas, mas a vitória da paz e do amor, entre os homens, pertence a Jesus, o Cristo de Deus.

Cinquenta e oito

NA ENTREVISTA CONCEDIDA A CARLOS A. BACCELLI e publicada no jornal *A Flama Espírita*, de 21/02/81, Chico Xavier fala sobre a arte espírita, e encontramos amplas referências sobre a arte. O tema não poderia ficar esquecido, nem deixado de lado, face à importância na sensibilização humana. Está também no livro *Entender Conversando*. Acompanhemos algumas respostas:

Promoções artísticas no templo espírita

(questão 140, capítulo 12)

– O recinto de um templo espírita será adequado à realização de promoções artísticas, de caráter espírita, não obstante algumas manifestações ruidosas por parte dos jovens?

– Ainda aqui, ante a sua indagação compreensível, os órgãos de orientação doutrinária devem ser ouvidos.

Compreendo, no entanto, de mim para comigo, que a sala de um templo espírita pode ser utilizada, em dia ou noite predeterminados, para a realização de semelhantes concursos artísticos, que desenvolvem nos irmãos mais jovens as melhores qualidades de inspiração. Não vejo inconveniência na alegria dos temperamentos juvenis, em tais ocasiões. Para mim, esses ruídos da confraternização de gente moça indicam o interesse da juventude pela Doutrina, que se manifesta com a mesma descontração e simplicidade dos grandes grupos de crianças, quando reunidos, por exemplo, com as mais justas razões, para a recepção de passes e outros tipos de assistência espiritual.

Os jovens e a arte

(questão 142, capítulo 12)

– Chico, qual a fórmula ideal para vincular o jovem à tarefa espírita? Muitas vezes, o jovem não se adapta às reuniões de estudos da Mocidade Espírita. A arte, os encontros festivos, seria uma saída?

– Os empreendimentos artísticos, em nosso modo de pensar, são convites e apelos benéficos para quando se aproximem das lições doutrinárias, no sentido de se lhes assimilar a verdade e a beleza; entretanto, cremos que só a preparação da criança, a partir dos primeiros meses de idade, será suscetível de auxiliar mais cedo o Espírito reencarnado na aceitação das realidades que a Doutrina Espírita enfeixa no seu próprio contexto de ensinamentos superiores.

Teatro e novelas de televisão

(questão 144, capítulo 12)

– O teatro seria um bom veículo de divulgação do Espiritismo? Deve ser incentivado?

– O teatro sempre foi e continua sendo alto e nobre instrumento para a exposição de ideias e sugestões, capaz de servir, com segurança e beleza, às construções espirituais da Doutrina Espírita.

As novelas da televisão, quando apresentam esta ou aquela nota referente aos princípios espíritas, são exemplo disto.

Cinquenta e nove

Utilizamos aqui vários capítulos, todos do livro *Entender Conversando*:

13 – *Questões íntimas* – de entrevista à repórter Tereza Goulart, revista *Manchete*, Rio de Janeiro, de 5/6/82;

14 - *Em visita fraterna* - de entrevista ao repórter Maurílio Lemes, jornal *Diário da Manhã*, de Goiânia (GO), de 15/12/82;

15 - *Materialismo e religião* - de entrevista a Leidi Pinheiro, para o jornal *Folha de Londrina*, de 5/6/83;

16 - *Jovens, ecologia e paz social* - de entrevista ao jornalista Luiz Costa Filho, de 28/4/83, e publicada no *Jornal de Higienópolis*, de São Paulo (SP);

17 - *O livro espírita* - de entrevista concedida a Aldo Aguilar Bianco, em Uberaba (MG), no dia 8/8/83, e publicada no *Boletim da Feira do Livro Espírita*, de 4/9/83, de São Carlos (SP);

18 - *Guerra, amor e paz* - de entrevista concedida ao repórter da *Rede Manchete*, do Rio de Janeiro (RJ), e incluída no especial *Chico Xavier, um Caminho de Luz*, levado ao vídeo na noite de 27/8/83 e transcrita do *Anuário Espírita*, de 1984;

20 - *Espiritualidade e vida* - de entrevista concedida a Otto Villares e publicada no jornal *Palavra*, de 16/10/83, de Juiz de Fora (MG).

QUESTÕES ÍNTIMAS E OUTROS TEMAS

Sucessor de Chico
(questão 147, capítulo 13)

- Chico Xavier já tem um sucessor?

- Não, não tem. Seria como perguntar ao

capim se ele tem sucessor. Capim é assim mesmo: morre um, nasce outro. Este é o meu caso. Considero-me abaixo do capim, pois este pelo menos serve ao boi, enquanto que eu ainda nem fui para o silo, onde então vou servir mais.

Seleção de pessoas

(questão 152, capítulo 13)

– Ouvi muita gente dizendo que você seleciona demais as pessoas que recebe em casa.

– Os que me criticam não vêm me ajudar. Por isso, a porta de minha casa tem de continuar fechada. Lá aparece todo tipo de exigência, e eu não posso atender a todas, senão gasto o dia em conversa. Deixo para encontrar meus irmãos no Centro Espírita.

Mães solteiras

(questão 153, capítulo 13)

– Chico, há uma razão especial para tantas mulheres nessa fila?

– São mães solteiras, que admiro muito, porque não fizeram aborto, apesar dos companheiros terem se mandado, neste mundo de Deus. Elas trabalham e vêm a nós, que as consideramos nossa família. Se quiserem podem todas registrar seus filhos no meu nome (E brinca). Quando eu morrer, vou passar para a história como um verdadeiro marajá. Caso de mãe delinquente é doença. Temos que analisar os temas sociais com espírito mais humanitário.

Somos ricos
(questão 160, capítulo 14)

– Ressalva que, se tudo fosse como açúcar; se não tivéssemos a menor preocupação ou dever de uns para com os outros; se fôssemos criaturas absolutamente descompromissadas do dever de ajudarmos uns aos outros, penso que a vida não teria interesse. Às vezes, um abraço de um amigo é muito mais que a sorte grande na Loteria Esportiva. Acho que não somos pobres; todos somos ricos da proteção de Deus, e pela oportunidade de trabalhar.

Busca espiritual crescente
(questão 164, capítulo 15)

– A alma humana não pode viver sem religião. Quanto mais o materialismo cresce, mais nosso Espírito tem saudade da união com Deus. Isso é nato em cada um de nós. Toda pessoa tem essa sede.

Vida, Morte e Evolução
(questão 167 , capítulo 15)

– (...) Vivemos aqui durante um tempo, como quem está internado num colégio. O corpo é a carteira em que sentamos para estudar. Amamos, brigamos, mas saímos sempre aprendendo alguma coisa e vamos para o lar de onde viemos, que é o mundo espiritual. Aqui, nossos bisavós, trisavós, todos já passaram. Ninguém se lembra da morte porque ela não existe. A vida é espiritual. Vai chegar o dia de nossa partida. É como um amigo escreveu um dia: "Quando você

chegou, todos riram de felicidade. Viva de tal maneira que, quando você partir, todos chorem."

Convivência pacífica
(questão 172, capítulo 16)

– Segundo admitimos, o padrão ideal para a convivência pacífica entre as criaturas da Terra está contido naquele inesquecível mandamento de Jesus Cristo: "Amai-vos uns aos outros, como eu vos amei." Quando este preceito for praticado, certamente usufruiremos a felicidade do Mundo Melhor com que todos sonhamos.

Paz e segurança nas grandes cidades
(questão 173, capítulo 16)

– Cremos que o respeito recíproco, dentro da distribuição do trabalho, orientado pela administração correta dos negócios públicos, é a fórmula ideal para a garantia da paz e da segurança em todas as cidades dos tempos modernos.

O maior objetivo
(questão 174, capítulo 16)

– Qual é hoje o maior objetivo de Chico Xavier, após tantos anos de trabalho espiritual?

– O meu objetivo, realmente, será sair melhor da vida física do que entrei. Isso demanda um aperfeiçoamento individual de que me reconheço muito distante.

Importância e divulgação do livro espírita
(Questão 176, capítulo 17)

– O livro espírita é sempre um amigo disponível para dialogar conosco, ensinando-nos o melhor caminho para a aquisição da paz e da felicidade que aspiramos a encontrar.

O passo mais seguro
(questão 178, capítulo 17)

– Qual a sugestão literária que você faria a quem deseja iniciar-se no estudo e conhecimento do Espiritismo?

– O estudo meditado das obras de Allan Kardec, a nosso ver, é o passo mais seguro.

Mensagem aos divulgadores
(questão 179, capítulo 17)

– O que você gostaria de dizer aos confrades que se dedicam com ideal na tarefa de difusão do livro espírita?

– O esforço máximo e desinteressado no bem aos outros, segundo nos parece, é sempre o maior apoio a nós mesmos.

Literatura espírita infantil
(questão 180, capítulo 17)

– Existe algum programa elaborado pela Espiritualidade Maior sobre a literatura espírita infantil, especialmente, além das obras já existentes?

– Os Benfeitores Espirituais que tenho ouvido acerca dos livros espíritas destinados à preparação espiritual da infância são unânimes em afirmar que se encontram ao dispor dos amigos reencarnados que se dedicam a produzi-los, com base na compreensão e no amor aos pequeninos.

Cultura do coração
(questão 181, capítulo 17)

– "Educação da Alma; Alma da Educação", você poderia comentar sobre esta frase de André Luiz?

– O nosso amigo André Luiz costuma imprimir uma nova expressão à frase, asseverando: "o coração da cultura é a cultura do coração", enfatizando a nossa necessidade de sublimar os próprios sentimentos.

Importância do Evangelho
(questão 182, capítulo 17)

– Qual a importância do Evangelho de Jesus para a Humanidade?

– Creio que a importância do Evangelho de Jesus, em nossa evolução espiritual, é semelhante à importância do Sol na sustentação de nossa vida física.

Legenda Sublime
(questão 185, capítulo 18)

– (...) se nós pudéssemos colocar uma legenda à frente de cada agrupamento humano, de cada

conjunto residencial, de cada cidade, de cada aldeia, de cada metrópole, de cada grande capital do progresso humano, se nós pudéssemos, se tivéssemos bastante autoridade para isso, escolheríamos aquela frase de Nosso Senhor Jesus Cristo, quando ele nos disse: "Amai-vos uns aos outros, como eu vos amei". Porque não é só o "amai-vos uns aos outros"; nós podemos amar uns aos outros, mas como Jesus nos amou é sem espírito de remuneração, sem espírito de pagamento algum, de retribuição alguma, é com espírito de sacrifício e renúncia. Porque quem ama não cria problemas e quem ama sabe viver sem pedir coisa alguma à criatura amada. Esse é o amor que Jesus nos legou.

Legenda Sublime - Destaque
(questão 185, capítulo 18)

- (...) quem ama não cria problemas e quem ama sabe viver sem pedir coisa alguma à criatura amada. Esse é o amor que Jesus nos legou.

Término das guerras
(questão 186, capítulo 18)

- (...) Façamos força, cada um de nós, para que a paz esteja conosco e que desistamos todos de viver à procura daquilo que pertence aos outros, porque cada um de nós pode estar contente na situação em que se encontra. Quando estivermos satisfeitos com aquilo que temos, tudo indica que a guerra deixará de existir, porque começará dos grandes povos, e esta

atitude virá também descendo ao encontro daqueles povos que estão caminhando para uma evolução maior.

Desarmonias conjugais

(questão 197, capítulo 20)

– Por que são tão raros os casais que vivem em perfeita harmonia?

– O relacionamento entre os parceiros da vida íntima do lar, na essência, é uma escola ativa de aperfeiçoamento do Espírito. Até que duas criaturas alcancem o amor integral, uma pela outra, é compreensível o atrito, visando o burilamento recíproco.

Vinculações extraconjugais

(Questão 198, capítulo 20)

– E quando um dos cônjuges, não assumindo sua responsabilidade na parte que lhe toca, for buscar, fora do lar, vinculações extraconjugais?

– Alguém que fira outro alguém, depois dos compromissos afetivos assumidos em dupla, será responsável pela lesão que causar. Para outros e para si mesmo cria dificuldades que, só pelo amparo do tempo, conseguirá resgatar. Os Espíritos sublimados nas leis do bem aprendem a amar sem exigências e a aceitar as pessoas como realmente são ou estão.

"– (...) o dever primeiro do homem é colaborar, em todos os minutos de sua passageira existência, em prol da melhoria de seu próximo, (...)"

Homem de bem

Conclusão

COMO É DE CONHECIMENTO GERAL, A PRODUÇÃO psicográfica de Chico Xavier foi intensa. Centenas de livros publicados, milhares de páginas recebidas de centenas de Espíritos. Muitos desses livros foram traduzidos para outros idiomas, muitos textos compactos, em mensagens objetivas e práticas, rápidas de ler, transformaram-se nesses volantes avulsos impressos e distribuídos gratuitamente por todo o país e exterior. O Grupo Espírita *Os Mensageiros*, da capital paulista, especializou-se nessa tarefa de impressão e distribuição de mensagens avulsas para distribuição gratuita e as próprias editoras também se incumbiram de selecionar textos para também distribuí-los. Diga-se de passagem, que foram várias as editoras que publicaram livros da lavra mediúnica de Chico Xavier.

É realmente ainda um trabalho notável de alcance inestimável.

A vida de Chico, seus exemplos e casos de intensa sensibilidade e ensinos para a mente popular transformam-se em peças de teatro, sendo, inclusive, motivo de filmes para o cinema, com grande sucesso. Mas não é só.

Várias pessoas se debruçaram sobre seus dados biográficos, sobre os casos que viveu com os exemplos de humildade e solidariedade estendida a qualquer pessoa que o procurava, e transformaram esses casos e exemplos em motivação para outras obras que trazem a experiência da convivência com o médium. Muitas pessoas que conviveram com Chico publicam livros sobre essa personalidade incomparável.

O que não dizer das cartas psicografadas, também muitas delas transformadas em obras de conforto para entes queridos separados pelo fenômeno biológico da morte física?

Mas a obra de Chico não se restringe apenas a obras de conforto e consolo. Foi uma fase de sua mediunidade, intensa, inclusive, onde caravanas o procuravam em busca dessas cartas vindas de familiares desencarnados. Eram caravanas de entes que aqui ficaram, saudosos e em busca de notícias.

Há que se destacar também a produção literária, de caráter científico, produzida pela mediunidade exemplar de Chico Xavier. Cite-se algumas obras específicas do Espírito Emmanuel e praticamente toda a obra produzida pelo Espírito André Luiz. E isso sem contar com o perfil da recepção de versos e poesias de personalidades marcantes da cultura brasileira e portuguesa. O que não impediu também a recepção de textos em outros idiomas, muitas vezes com as duas mãos, simultaneamente, e em algumas ocasiões, com a mão esquerda, escrevendo de trás para a frente.

É realmente uma vida fenomenal, diferente, marcante! Uma vida que influenciou muitas outras vidas. Mais pelo exemplo que pelo fenômeno, ressalte-se. Seu perfil moral enquadra-se perfeitamente nas qualidades elencadas por Allan Kardec em *O Evangelho Segundo o Espiritismo,* com o subtítulo *O Homem de Bem,* constante do capítulo XVII, item 3, que indicamos ao leitor a título de reflexão para comparação sobre a conduta de Chico e as qualidades ali elencadas pelo Codificador do Espiritismo.

Mas ainda não é só. Chico foi indicado para o *Prêmio Nobel da Paz*, foi eleito *O maior brasileiro de todos os tempos*, em promoção pela rede de *TV SBT*, em 2012. Foi protagonista do famoso programa de TV, *Pinga-Fogo*, da extinta *TV Tupi*, na década de 70, com grandes picos de audiência, que o tornaram ainda mais conhecido e respeitado.

Vários foram os programas de TV que exibiram reportagens sobre sua vida, seu legado, suas lutas e seus exemplos, muitos deles entrevistando-o diretamente, com enorme repercussão na mídia. Chico também recebeu vários títulos de cidadania, de mais de um centena de cidades brasileiras. Um Memorial foi construído em Uberaba (MG) para preservar sua memória, e muitos eventos, pelo país todo, homenageiam seu nome querido.

Soma-se a tudo isso, ainda, o título de *Maior Brasileiro da História*, em votação popular pela revista *Época*, em 2006, e eleito também o *Mineiro do Século XX*, em votação promovida pela *TV Globo Minas*, em 2000. Além da *Comenda da Paz*, outorgada pelo Governo de Minas Gerais, em 1999.

Cantores como Roberto Carlos, Vanusa, Nando Cordel, Gilberto Gil, Fábio Junior e Moacir Franco compuseram músicas homenageando-o.

E Chico foi visitado por personalidades ilustres do país e do exterior, inclusive cientistas que vieram pesquisar sua faculdade mediúnica. Vários episódios envolvendo personalidades famosas e a imprensa nacional e internacional também permearam a trajetória do médium, inclusive com repercussões jurídicas como é o Caso Humberto de Campos, conhecido episódio de uma batalha jurídica que questionava a autoria espiritual do grande escritor brasileiro.

E ele, muitas vezes centro das atenções e de disputas – inclusive jurídicas, permaneceu intocável na moralidade e na humildade. Perfilou sua vida com exemplos de simplicidade e modéstia, deixando um legado exemplar de conduta moral inquestionável. Seja pelo desprendimento – tudo que lhe chegava às mãos, como manifestação de gratidão, ele repassava para os necessitados que o buscavam – ou pela humildade que o caracterizou durante toda a vida.

Pesquisar os dez livros que compuseram a presente obra foi trabalho de imenso prazer no encontro com as lições vivas de um Espírito que já superou muitas lutas interiores, já conseguiu incorporar, ao comportamento, as orientações vivas do Evangelho. Um Espírito que já volta toda a sua atenção à solidariedade, ao trabalho no bem em favor do próximo.

Ele viveu isso integralmente. Alguém a ser seguido.

Sua fidelidade ao Cristo emociona, sensibiliza, toca o coração!

Não há como não se emocionar diante de sua figura simples, frágil, mas saturada de bondade e compreensão. É o que mais lhe marca a personalidade. Apesar de sua sabedoria e grandeza, não demonstra isso em nenhum gesto ou atitude. Vive simplesmente o amor.

Não é por acaso que foi chamado o *Homem Amor.*

Dentre tantos textos psicografados por Chico, selecionamos dois para encerrar o livro. O primeiro deles é a mensagem Vitória; o segundo é a mensagem recebida psicograficamente de Francisco de Assis, em 1951, ambos nos convidam ao trabalho da renovação interior junto ao Cristo.

Vitória

Emmanuel/Chico Xavier

Se já descobriste que te encontras no Plano Físico, em luta pelo próprio burilamento íntimo, não olvides trabalhar pelo próprio triunfo.

Observa o valor do tempo.

Age para o bem de todos.

Serve sem reclamar.

Atende aos próprios deveres com alegria.

Aceita-te como és, buscando melhorar-te.

Conserva a paciência.

Não esmoreças.

Espera o melhor da vida.

Além dos encargos cumpridos, faze algo mais, em favor dos outros.

Não guardes ressentimentos.

Considera os direitos alheios, sem esquecer o respeito que se deve às vantagens e aos méritos dos próprios adversários.

Fala construindo.

Não lamentes quem te deixou o caminho, bandeando-se para outras estradas.

Não te detenhas no que passou, senão para fixar alguma lição com que a vida te haja enriquecido a experiência.

Nada reclames.

Auxilia, ao invés de condenar.

Abstém-te do excesso de tranquilizantes que te possam induzir à irresponsabilidade.

Aceita os problemas do mundo, como são, para que te decidas, quanto a eles, em plena consciência de tuas próprias escolhas.

Nunca te acredites sem necessidade de trabalhar.

Compadece-te dos que erram, imaginando-te no lugar deles, para que entendas o valor do entendimento e do perdão, nas fraquezas de que ainda somos portadores.

Ensina aprendendo.

Haja o que houver, confia em Deus e segue adiante, fazendo o melhor que possas.

Então, conhecerás o verdadeiro triunfo, aquele que nasce da própria segurança, apagando-te qualquer disposição à discórdia, porque transportarás em ti mesmo a vitória da paz.

Extraída do livro *Encontros no Tempo*, organizado por Hércio Marcos C. Arantes, 6ª edição, setembro de 2005, IDE Editora (SP), capítulo 10.

A segunda mensagem foi ditada pelo Espírito Francisco de Assis, também através da mediunidade de Chico Xavier, quando recebeu a visita do Prof. Pietro Ubaldi. Dirigida ao citado professor italiano, a mensagem consta do livro *Trinta Anos com Chico Xavier*, de Clovis Tavares, apêndice B, página 265 da 7ª Edição, IDE Editora, outubro de 2008:

> *Pedro,*
>
> *O calvário do Mestre não se constituía tão somente de secura e aspereza...*
>
> *Do monte pedregoso e triste, jorravam fontes de água viva que dessedentaram a alma dos séculos.*
>
> *E as flores que desabrocharam no entendimento do ladrão e na angústia das mulheres de Jerusalém atravessaram o tempo, transformando-se em frutos abençoados de alegria no celeiro das nações.*
>
> *Colhe as rosas do caminho no espinheiro dos testemunhos...*
>
> *Entesoura as moedas invisíveis do amor no templo do coração!...*
>
> *Retempera o ânimo varonil, em contacto com o rocio divino da gratidão e da bondade!...*
>
> *Entretanto, não te detenhas.*
>
> *Caminha!*
>
> *É necessário ascender.*

Indispensável o roteiro da elevação, com o sacrifício pessoal por norma de todos os instantes.

Lembra-te.

Ele era sozinho.

Sozinho anunciou e sozinho sofreu.

Mas erguido, em plena solidão, ao madeiro doloroso por devotamento à Humanidade, converteu-se em Eterna Ressurreição.

Não tomes outra diretriz senão a de sempre.

Descer auxiliando, para subir com a exaltação do Senhor!

Dar tudo, para receber com abundância.

Nada pedir para nosso Eu exclusivista, a fim de que possamos encontrar o glorioso Nós da vida imortal.

Ser a concórdia para a separação.

Ser luz para as sombras, fraternidade para a destruição, ternura para o ódio, humildade para o orgulho, bênção para a maldição.

Ama sempre.

É pela graça do Amor que o Mestre persiste conosco (os mendigos dos milênios), derramando a claridade sublime do perdão celeste onde criamos o inferno do mal e do sofrimento.

Quando o silêncio se fizer mais pesado ao redor de teus passos, aguça os ouvidos e escuta!

A voz Dele ressoará de novo na acústica de tua alma, e as grandes palavras, que os séculos não apagaram, voltarão mais nítidas ao círculo de tua esperança, para que as tuas feridas se convertam em rosas e para que o teu cansaço se transubstancie em triunfo.

O rebanho aflito e atormentado clama por refúgio e segurança.

Que será da antiga Jerusalém humana sem o bordão providencial do pastor que espreita os movimentos do Céu para a defesa do aprisco?

É necessário que o lume da cruz se reacenda, que o clarão da verdade fulgure novamente, que os rumos da libertação decisiva sejam traçados.

A inteligência sem amor é o gênio infernal que arrasta os povos de agora às correntes escuras e terrificantes do abismo.

O cérebro sublimado não encontra socorro no coração embrutecido.

A cultura transviada da época em que jornadeamos, relegados à aflição, ameaça todos os serviços da Boa Nova, em seus mais íntimos fundamentos.

Pavorosas ruínas fumegarão, por certo, sobre os palácios faustosos da humana grandeza, carente de humildade, e o vento frio da desilusão soprará de rijo sobre os castelos mortos da dominação que, desvairada, exibe-se, sem cogitar dos interesses imperecíveis e supremos do Espírito.

É imprescindível a ascensão.

A luz verdadeira procede do Mais Alto e só aquele que se instala no Plano Superior, ainda mesmo que coberto de chagas e roído de vermes, pode, com razão, aclarar a senda redentora que as gerações enganadas esqueceram.

Refaze as energias exauridas e volta ao lar de nossa comunhão e de nossos pensamentos.

O trabalhador fiel persevera na luta santificante até o fim.

O farol no oceano irado é sempre uma estrela em solidão.

Ilumina a estrada, buscando a lâmpada do Mestre que jamais nos faltou.

Avança.

Avancemos...

Cristo em nós, conosco, por nós e em nosso favor, é o Cristianismo que precisamos reviver à frente das tempestades, de cujas trevas nascerá o esplendor do Terceiro Milênio.

Certamente, o apostolado é tudo. A tarefa transcende o quadro de nossa compreensão.

Não exijamos esclarecimentos.

Procuremos servir.

Cabe-nos apenas obedecer até que a glória Dele se entronize, para sempre, na alma flagelada do mundo.

Segue, pois, o amargurado caminho da paixão

pelo bem divino, confiando-te ao suor incessante pela vitória final.

O Evangelho é o nosso Código Eterno.

Jesus é o nosso Mestre Imperecível.

Subamos em companhia Dele no trilho duro e áspero.

Agora é ainda a noite que se rasga em trovões e sombras, amedrontando, vergastando, torturando, destruindo...

Todavia, Cristo reina, e, amanhã, contemplaremos o celeste despertar.

Francisco

Esperamos que a seleção aqui apresentada possa constituir-se em motivações para debates e encontros de aprendizado em nossas lutas de aprimoramento.

Como notou o leitor em toda a obra, selecionamos respostas, trechos de suas observações, para oferecer também uma homenagem ao grande médium e incomparável ser humano, Francisco Cândido Xavier. Suas respostas nas perguntas que recebeu revelam uma alma evangelizada, feliz, solidária, comprometida com o bem, que já está em seu coração.

Muito obrigado, pois, amigo Chico!

Orson Peter Carrara

Bibliografia sugerida:

IDE Editora:

- **A Terra e o Semeador,** *Francisco C. Xavier / Emmanuel / Hércio Marcos Cintra Arantes.*
- **Anuário Espírita**
- **Chico Xavier – Lembranças de Grandes Lições,** *Cezar Carneiro de Souza.*
- **Chico Xavier – Uma Vida de Amor,** *Ubiratan Machado.*
- **Encontros no Tempo,** *Francisco C. Xavier / Emmanuel / Hércio Marcos Cintra Arantes.*
- **Entender Conversando,** *Francisco C. Xavier / Emmanuel / Hércio Marcos Cintra Arantes.*
- **Entrevistas,** *Francisco C. Xavier / Emmanuel / Hércio Marcos Cintra Arantes.*
- **No Mundo de Chico Xavier,** *Francisco C. Xavier / Emmanuel / Elias Barbosa.*
- **Notáveis Reportagens com Chico Xavier,** *Hércio Marcos Cintra Arantes.*
- **O Evangelho Segundo o Espiritismo,** *Allan Kardec.*
- **O Livro dos Espíritos,** *Allan Kardec.*
- **O Livro dos Médiuns,** *Allan Kardec.*
- **Trinta anos com Chico Xavier,** *Clovis Tavares.*
- **Valiosos Ensinamentos com Chico Xavier,** *Cezar Carneiro de Souza.*

Outras Editoras:

- **A psicografia ante os tribunais,** *Miguel Timponi,* FEB.
- **Cartas de uma morta,** *Francisco C. Xavier / Maria João de Deus,* LAKE.
- **Memórias de um suicida,** *Yvonne do Amaral Pereira,* FEB.
- **Paulo e Estêvão,** *Francisco C. Xavier / Emmanuel,* FEB.

No ano de 1963, Francisco Cândido Xavier ofereceu, a um grupo de voluntários, o entusiasmo e a tarefa de fundarem um Anuário Espírita. Nascia, então, o Instituto de Difusão Espírita - IDE, cujo nome e sigla foram também sugeridos por ele.

A partir daí, muitos títulos foram sendo editados, e o Instituto de Difusão Espírita, entidade assistencial sem fins lucrativos, mantém-se fiel à sua finalidade de divulgar a Doutrina Espírita através da IDE Editora, tendo como foco principal as Obras Básicas da Codificação, sempre a preços populares, além dos seus mais de 300 títulos em português e espanhol, muitos psicografados por Chico Xavier.

O Instituto de Difusão Espírita conta também com outras frentes de trabalho, voltadas à assistência e promoção social, como albergue noturno, acolhimento de migrantes, itinerantes, pessoas em situação de rua, acolhimento e fortalecimento de vínculos para mães e crianças, oficinas de gestantes, confecção de enxovais para recém-nascidos, fraldas descartáveis infantis e geriátricas, assistência à saúde e auxílio com cestas básicas, leite em pó, leite longa vida, para as famílias em situação de vulnerabilidade social, além dos trabalhos de evangelização infantil, mocidade espírita, artes (teatro, música, dança, artes plásticas e literatura), cursos doutrinários e passes.

Este e outros livros da **IDE Editora** subsidiam a manutenção do baixíssimo preço das **Obras Básicas, de Allan Kardec**, mais notadamente, **"O Evangelho Segundo o Espiritismo"**, edição econômica.

ide ideeditora.com.br
Conheça mais sobre
a Doutrina Espírita,
através das obras de
Allan Kardec
Allan Kardec
O Evangelho Segundo o Espiritismo
Contendo Índice Analítico dos Assuntos com 274 verbetes
leia estude pratique

ideeditora.com.br

*

Acesse e cadastre-se para receber
informações sobre nossos lançamentos.

twitter.com/ideeditora
facebook.com/ide.editora
editorial@ideeditora.com.br

ide